동남아 인도문화와 비즈니스

강영문 저

전남대학교출판부

프롤로그

ENVIRONMENTAL ISSUES
Clean, Green and Blue
CONTESTED WATERSCAPES

"동남아속 인도여행을 시작하면서"

동남아를 이해하는 키워드중에 하나는 인도문화와 인교이다.

인도문화는 오랜기간 동안 동남아 문화에 직간접적인 영향을 미쳤고, 동남아 어딜 가나 인도문화의 멋과 맛이 은은하게 배어 있다.

동남아 경제에서 해외거주 인도인인 인교들의 비즈니스 활동도 매우 활발하다. 최근들어서는 인도경제가 친디아, 브릭스로 불려질 만큼 경제성장이 가속화되면서 아세안과 인도의 통상관계도 더욱 밀접해지고 있다.

본서는 인도와 동남아를 정겨운 한 울타리속에서 찬찬히 들여다 보고 있다. 동남아의 인도문화와 인교경제를 알아가는 여정은 먼저 인도와 인도문화, 인도경제에 대한 탐색에서 시작된다.

동남아 인도문화와 인교는 인도에 토대를 두고 동남아의 토양에서 적응하면서 동남아화되었다. 본서에서는 인도문화, 인도인과 동남아 인도문화, 인교의 같음과 다름을 다양한 시각에서 접근하고 있다.

본서가 한국의 무역과 투자에서 중요한 해외시장인 동남아와 인도를 동시에 쉽게 이해할 수 있는 알찬 길잡이가 되길 기원한다.

동남아속 인도향기를 추억하면서
Young Moon(젊은 달)

목 차

제4부 힌두교에 대한 이해

제5부 카스트제도에 대한 이해

제9부 동남아 인교 국가들

▶▶▷ Check Point

제1부

동남아에서 만난 인교와 인도문화

제1장 동남아 힌두교 사원

Canon
EOS DIGITAL

NO FOOTWEAR
BEYOND THIS POIN
入殿請脫鞋

제2장 동남아 인교

SOCIOLOGY
CHEMISTRY
RARE PICTURES OF THE GREAT WALL
NUS
MasterCard
instant
HAND SANITIZER

제3장 동남아 인도 종교인

ART GALLERY
indian arts gallery
CAVE
VILLA

제4장 동남아 인도문화

MINDRA
Mobiles & Electronics
Canon
EOS DIGITAL
Fashion Sarees
Designer Sarees
Cotton Sarees
Fancy Churitar Materials
Designer Salwar Kameez
Sprite

Canon
EOS DIGITAL

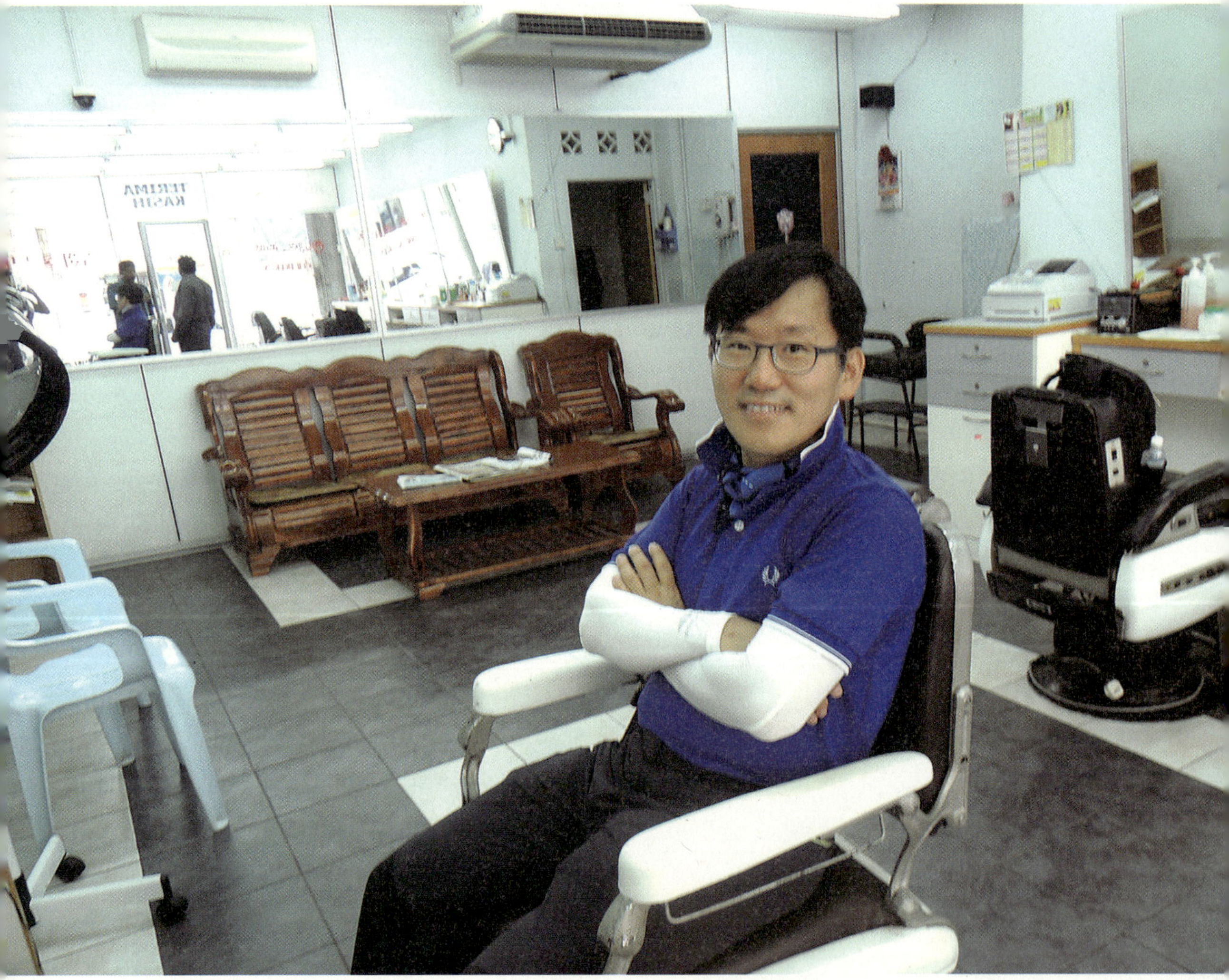

제5장 동남아 리틀인디아

Little India Arcade

PTE LTD

SELAMAT DATANG
KE
LITTLE INDIA MELAKA
NADESAN

WAKE UP
3.05%

제6장 동남아 인도인 학생

BRIDGE RD
BRAS BASAH RD

제7장 동남아 인도인 가족

NIKE

제8장 동남아 인도축제

제2부

사진과 글을 통해서 살펴본 동남아속 인도인과 인도문화 이야기

제1장 동남아 힌두교 사원 이야기

1. 동남아에서 힌두교 신들에 대한 단상

힌두교는 한마디로 정의할 수 없는 종교이다.
힌두교는 다신교이다. 즉, 숭배하는 신이 많다.

이러한 다양한 신중에서도 세상을 창조한
창조의 신, 유지의 신, 파괴의 신이 가장 중요하다.

무신론자인 저자는 힌두교의 삼신중에서도 창조의 신이
가장 추앙받고 인기가 많은 신으로 생각했다.

그러나 동남아에서 만난 힌두교 신자들은
세상을 창조한 창조의 신보다는
세상을 유지하고, 세상을 파괴하는 신을 더 추앙하고 있었다.

이유가 무엇일까?
창조보다는 유지와 파괴가 더 추앙받는 그 이유...

아마도
누군가는 창조된 이 세상을 유지하는 것이 더 소중하고

아마도
또 누구가는 창조된 이 세상이 새롭게 다시 창조되기를
염원하기 때문이 아닐까....

2. 동남아의 힌두교사원은 개방적이고 포용적이다

동남아 힌두교 사원에 가면
힌두교의 의례인 뿌자(puza)가
행하여 진다.

동남아 힌두교사원에서는 뿌자와 같은 공식적인 의례
뿐만 아니라 다양한 행사가 많다.

동남아 힌두교 사원은 매우 개방적이다.

힌두교 사원에서는 힌두교 신자와 비힌두교 신자를 구분하지 않는다.

누구나 들어가서 자신의 방식대로 힌두교사원에서 머물다 간다.

머무는 동안

힌두교 사원에 있는 수 많은 힌두교의 신들을 만나게 된다.

신들에게 모든이의 축복을 빌며

자신을 만난다.

3. 동남아의 힌두교사원에 가면 배가 부르다?

크리스 마스 때 선물을 받기 위해 일년에 한번 교회에 간적이 있는가?
어릴적 누구나 갖고 있을 추억거리이다.

종교가 주는 배려와 따뜻함이 녹아있는 추억이다.

동남아 힌두교 사원의 공식적인 의례와

힌두교 사원에서 행하는 개인 행사때

힌두교 사원에가면 누구한테나 따뜻한 밥한끼를 준다.

낯선 이들끼리 힌두교 사원의 마당에 옹기종기 모여
앉아 먹는 한끼속에는 훈훈함, 정겨움이 담겨져 있다.

4. 동남아 힌두교 신자는 인도인만인가?

정답은 NO이다.

동남아 힌두교 신자중에는 인도인이 많다.

그러나 동남아 힌두교 신자중에는 인도인뿐만 아니라

다양한 인종과 국적의 힌두교 신자들이 많다.

인종과 국적은 달라도 그들이 힌두교 신앞에서 기원하는 것은
궁극적으로 하나이지 않을까.

"평온"

5. 힌두교와 불교

동남아는 종교박물관이라고 할만큼 다양한 종교가
공존하고 있는 지역이다.

동남아에서도 지역에 따라 종교간의 분쟁이 발생하고 있는
지역도 있지만,

동남아에서 힌두교와 불교간에 분쟁이 발생하는 경우는 많지 않다.

힌두교사원과 불교사원이 사이 좋게 이웃하는 경우도 많다.

New Moon

觀音堂

6. 도심속의 힌두교 사원

동남아의 힌두교사원은 도심속에 자리잡고 있는 경우가 많다.
무더운 동남아의 도심속에서 무더위에 지친 길손이면
누구나 잠시 지친 더위를 식혀 갈 수 있다.

동남아 힌두교 사원은 다운타운가는 물론
아파트가 밀집되어 있는 곳에도 자리잡고 있는 경우가 많다.

동남아의 힌두교 사원이 주택가와 도심 한가운데 자리잡고 있는
현상은 힌두교가 동남아 사회에 잘 안착되었음을 의미한다.

또한 동남아 국가들이 근대화 과정에서 도시들을 개발할 때
인도인 근로자들이 동남아에 많이 이주하고 도심에 정착했음을 말해주고
있다.

NewMoon

7. 힌두교 사원 의례

힌두교 사원의 종교의례는 매우 경건하다.

힌두교 사제가 종교의례를 하는 동안
힌두교 신자들은 긴 줄을 지어
엄숙하게 사제의 종교의례를
지켜본다.

힌두교 의례를 끝낸 다음
힌두교 사제들이 힌두교 신도들을 대하는
표정은 매우 온화하고 친절하다.

힌두교 사제들은 힌두교 신자들에게
축복을 빌어주는 의례를 해주고
힌두교 신도들과 일상적인 담소를 나누면서
정을 나눈다.

8. 힌두교 사원의 맨발

동남아 힌두교 사원의 밖은 신발로 가득하다.
힌두교 사원을 들어가려면 신분고하를 막론하고
누구나 신발을 벗어야 한다.

맨발로 힌두교 사원에 들어가면
힌두교 사원 바닥의 차가움이
동남아의 더위에 지친 심신에
상쾌함과 시원함으로 다가온다.

맨발이 된다는 것은
겸손해진다는 것

맨발이 된다는 것은
솔직해진다는 것

맨발이 된다는 것은
평등해진다는 것

NO FOOTWEAR
BEYOND THIS POINT
入殿請脫鞋

9. 힌두교 사원의 종

동남아 힌두교 사원의 문에는 종이 달려 있다.
힌두교 신자들은 힌두교사원에 들어가지 전에
문에 달려 있는 종을 친다.

힌두교신께
자신이 방문하였음을 알리기 위함이다.

번잡한 속세를 벗어나 신성한 사원으로
들어가기 위한 종교적 의례이다.

힌두교 사원의 문에 있는 종을 치면
청명한 소리가 내마음에 긴 여운을 남긴다.

10. 힌두교 사원에서 염원은 등가이다

힌두교 사원에서 경건하게 기도하는 인도인들의 모습은
간절함의 크기와 깊이만큼이나 다양하다.

그러나 금방이라도 눈물이 쏟아질 것 같은 큰 눈에서
말해주는 순백의 간절함은 등가이다.

신 앞에 모든 걸 내려 놓고
기도하는 간절함엔

피부색도,
언어도,
사회적 신분도
상관없이

모두 등가이다.

STOP
AMD
SINGAPORE

ĐIỆN THỜ CẬU-
VÀO

11. 행복을 기원하는 마음

동남아 힌두교 사원에 가면
힌두교 신자들이 간절히 기도하는 모습을
볼 수 가 있다.

반듯이 서서 향을 들어 신께 기도하는 모습

엎드려 신께 기도하는 모습

신 앞에 앉아 기도하는 모습

힌두교 사원의 벽을 만지며
기도하는 모습

기도하는 모습은 다 다르지만

염원은 같으리라.

“행복“

12. 힌두교 사원의 탑

동남아는 거리 곳곳에서 사원, 모스크, 교회 등을
자주 접할 수 있는데

힌두교 사원은 멀리서도 금방 찾을 수가 있다.

수 많은 신들이 조각되어 있는 거대한 탑이

힌두교 사원에 높이 솟아 있기 때문이다.

힌두교 사원의 거대한 탑에는 힌두교가 일신교가
아닌 다신교임이 표출되어 있다.

힌두교 사원의 거대한 탑에는
힌두교의 수 많은 신들이 정교하게 조각되어 있다.

13. 동남아 힌두교 사원은 쉼터

동남아에서 종교적 공간은 종교적
행사만 하는 곳이 아닌 다양한 목적
으로 활용되는 경우가 많다.

종교적 공간이 병원으로,

종교적 공간이 학교로

인간의 일상과 닿아 있는
경우가 많았다.

동남아 힌두교 사원은

누구에게나

더위에 지친 몸의 쉼터

생각에 지친 마음의 쉼터이다.

동남아 힌두교 사원은
몸도 마음도
시간도
정지된 쉼터

Ticket at. $41.00
HELP US TO KEEP TEMPLE CLEAN

제2장 동남아 인도 음식문화 이야기

1. 동남아 인도음식

동남아는 음식천국이라고 할 만큼 풍부하고 다양한 식재료를 바탕으로 각양각색의 음식을 맛 볼 수 있다.

인도음식도 동남아 푸드코트나 길거리 음식에서 자주 접할 수 있다.

동남아에서 인도음식을 쉽게 접할 수 있다는 것은 동남아에 인도인 많다는 것과 인도음식이 인도를 넘어 동남아에서도 즐겨 먹는 음식이 되었다는 것을 의미한다.

다양한 음식이 진한 향과 오색을 뽐내는 동남아 푸드코트에서 인도음식을 찾는 것은 어려운 일이 아니다.

색깔과 향에서 인도음식은 단연 독보적이기 때문에...
그 색깔과 향에 스며든 맛 또한 일품이다.

인도음식은 인도식 양념인 마살라에 따라 풍미도 다양하다.

2. 동남아 인도인 채식주의자

동남아는 상하(常夏)의 지역으로
무더운 날씨 때문에 체력소진이 많다.

동남아 사람들은 체력을 보충하기 위해
고기를 많이 먹는데 중국계 동남아인들은
주로 돼지고기를 많이 먹고 무슬림들은 양고기를
주로 먹는다.

물론 닭고기는 중국인, 무슬림 모두 좋하는 고기이다.
저자도 동남아에 있을 때 치킨 라이스를 자주 먹었다.

이러한 동남아의 음식문화속에서도 인도인들중에 많은 사람들은
채식주의자이고 일상에서 자신들의 식생활을 지켜가고 있다.

동남아에서 비행기를 탈 때 옆좌석의 인도인들이 미리 항공사에
주문한 채식음식을 먹는 것을 자주 보게 된다.

TIFFIN (VEG & NON-

3. 동남아 인도인의 향신료

인도인의 향기는 향신료에서 나온다.
인도인의 음식 맛은 향신료에서 나온다.

인도인의 삶에서 향신료는 인도인의 일상을
특징지운다.

인도인의 향기와 맛에는 향신료의 독특함이
배어 있다.

동남아에서 인도인이 즐겨 먹는 향신료 가득한
음식을 처음 접할 때는 고개를 절레 절레
흔들었지만...

어느덧 인도의 향신료의 매력에 푹 빠져 있다.

범선무역시대 서양인들의 식탁에서 선풍적인 인기를
끌어 대항해 시대을 가져온 이유중에 하나가 된
인도의 향신료.

동남아 인도인들이 좋아하는 향신료는
생강, 계피, 강황, 후추, 고추...
열거 할수 없을 정도로 다양하다.

그 향신료의 풍미가 동남아 인도인의 삶속에
배어들어 있다.

4. 인도인의 짜이 사랑

문화를 구성하는 요소중에 가장 중독성이 강하고
지속적인 특징을 이루는 것이 음료수이다.

미국은 콜라
영국은 홍차
중국은 차

인도에는
짜이가 있다

동남아 인도인들은 아침부터 저녁까지
짜이를 마신다.

짜이는 홍차에 계피와 우유를 넣어서
끓인 인도인의 음료수이다.

비닐 봉지에 담긴 따뜻한 짜이 한잔이
역설적으로 무더운 동남아의 열기를 식혀준다.

pepsi

5. 동남아에서 짜이 한잔

인도음식 후엔

역시 짜이

짜이는 인도인들이 즐겨먹시는 차 이름이다.

짜이는 따뜻한 음료이다.

무더운 동남아에서
따뜻한 음료가 어울리지 않을 것처럼 보이지만

인도 음식후엔

역시 짜이
한잔

6. 동남아 인도식당 주방은 리얼쇼를 한다

동남아 인도식당의 주방은 식당밖 도로변에서
음식을 만드는 장면을 볼 수 있게 해놓은 경우가 많다.
식당내부에서도 음식을 만드는 과정을
생중계 해주는 경우가 많다.

밀가루 반죽하는 모습.
짜이를 높은 위치에서 아래로 따르는 모습.

이러한 인도인들의 모습에는
음식을 만들고 먹는
행위를 단순히 먹는 수단뿐만 아니라
음식을 만들고 먹는 즐거움을
함께 향유하는 인도문화의 실용성과
넉넉함이 스며들어 있다.

o-Health Values
reservatives • No Re-use of Cooking Oil
o Trans Fat

7. 동남아 인도생선요리

동남아 인도요리는 매우 다양하다.
그중에서도 진한 양념색깔과
진한 향기의 향신료가 배어있는
인도 생선요리는 매우 유명하다.

동일한 식재료로 인도만의 맛과 향이
배어나오는 요리의 향연이 이채롭다.

동남아의 동일한 식재료에
인도인의 손이 닿으면
인도가 된다.

IRAS
Presents
Seafood Mela 2012
2012
Curry Fish heads
served in a
single dinner
GUINNESS WORLD RECORDS
ATTEMPT
14th July 2012 @ Race Course Road
Sumptuous Buffet I Free flow of Beer
Entertainment by International Artists
Tickets available at
All SingPost outlets, SAM machines and online @
www.irasingapore.org
Hotline No: 6341 5355/56
A celebration not
..... to be missed
Food Festival @ Little India
Seafood Mela 2012
Platinum Sponsor
Gold Sponsors
Silver Sponsors

8. 로띠쁘라따

로띠쁘라따?

로띠쁘라따는 인도음식이다.

로띠쁘라따는 싱가포르 초등학교 교과서에도 나온다.
초등학교 학생들이 주말에 가족들과
함께 외식하며 즐겨 먹는다는 내용이다.

로띠쁘라따는 인도음식이지만,
동남아에서 인도인뿐만 아니라 누구나 좋아는
음식이다.

동남아에서 인도음식은 국적과 인종에 상관없이
대중들에게 인기있는 음식이 많다.

동남아에서 인도음식은 이제
인도인들만의 전유물이 아니다.

9. 인도인들은 손으로 음식을 먹는다

우리는 음식을 먹을 때 젓가락을 사용하지만,
서양인들의 문화에서 젓가락은 낯선 풍경이다.
서양인들은 젓가락 대신에 나이프와 포크를 사용한다.

동남아
인도인들중에는 지금도 음식을 맨손으로 먹는 사람들이 많다.

전통적으로 인도인들 간편하게 즐겨하는
음식은 쟁반이라는 의미의 탈리인데
탈리는 문자그대로 큰 쟁반에 밥과 다양한 음식들을 담아 손으로 먹는다.

그러나

동남아 인도들중에는 음식을 맨손이 아닌
서양식으로 나이프와 포크를 이용하여 먹는 사람도 많다.

동남아 인도인들은
종교, 언어, 피부색깔뿐만 아니라
음식을 먹는 방법에서도 구분할 수 있다.

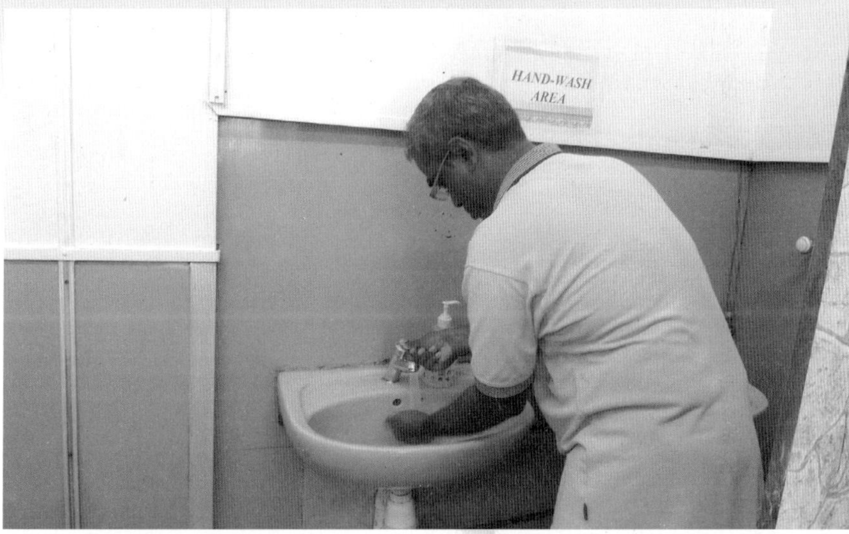
HAND-WASH
AREA

HAND-WASH
AREA

10. 인도음식의 다양한 커리

동남아에서 인도레스토랑에 가면
행복한 고민에 빠지게 된다.

행복한 고민은 어떤 커리를 선택하느냐는
것이다.

로띠쁘라따 같은 경우 어떤 커리에 먹느냐에 따라
음식 맛이 달라진다.

커리의 본래 의미는 국물이 있는 음식인데
소스처럼 다가온다.

인도음식은 어떤 커리를 선택하느냐에 따라 동일한
음식도 다른 음식이 될 수 있다.

인도의 다양성은 인도의 다양한 커리에도 투영되어 있다
인도의 커리가 다양해 질 수 있었던 것은 인도의 향신료가
그 만큼 다양했기 때문이다.

11. 인도에서 직수입하는 인도식품

제국주의 시대 인도인들은 식민지 개발의 노동자로 동남아에 대규모로 유입되었다. 그리고 이러한 노동자들의 일상 생활에 필요한 물품을 공급하는 상인들이 동남아에 순차적으로 유입되었다.

세월이 흘러 노동자로 동남아에 첫발을 디뎠던 인도인들은 몇 세대를 거치면서 동남아 거주민이 되었으나 인도에서 직수입한 인도용품을 사용하고 있다. 특히 최근들어서도 다양한 계층과 직업의 인도인들의 동남아 유입이 지속되면서 동남아에는 인도인을 대상으로 인도에서 직수입되는 상품들이 많다.

오랜 세월 동남아에 살았지만 인도인에게는 인도에서 직접 만들어진 제품과 인도의 농산물이 더 선호되고 있다.

ATTA RICE AND SPICE
SPECIAL OFFER
$8.90
SPECIAL OFFER
$8.90

MAGGI NODDLE
Maggi
FROM INDIA

제3장 동남아 인도 예술과 축제이야기

1. 동남아 인도영화

인도영화는 인도에서 뿐만 아니라
인도인들이 집단거주하고 있는
동남아에서도 자주 접할 수 있다.

인도영화는 길다.
그리고
인도영화는 화려하다.

인도영화의 가장 큰 특징은
코메디 영화이든
멜로 영화이든
슬픈 영화이든

인도영화는 춤과 음악이 빠지지 않는다.
춤과 음악이 없는 인도영화는 생각할 수 없다.

영화 중간 중간에 화려한 춤과 음악이
인도영화만의 멋과 맛을 느끼게 해준다.

인도인들이 인도영화에 열광하는 이유는
춤과 음악을 통해 힘든 일상을 잠시 잊을 수 있기
때문이 아닐까.

HINDI TOP SELLER CD
HINDI LATEST AUDIO CD'S
BEKARAR
I & Love & You
TERA CHEHRA
SALMAN KHAN
BOLLYWOOD HUNK

2. 동남아 발리우드

미국에 헐리우드가 있다면
인도에는 발리우드가 있다.

인도인들은 자국 영화를
사랑한다.

인도인들에게 영화는 영화 이상이다.
인도인들은 영화를 통해 위안, 행복을
얻는다.

동남아 인도인들의 인도영화 사랑은
더욱 강렬하다.

타향에서의 외로움과 힘듬을 인도영화를 통해
해소할 수 있기 때문일 것이다.

동남아의 인도인 집단거주지역인 리틀인디아에 가면
발리우드 스타들의 대형 사진이 마치 헐리우드 유명 배우들의
대형 부로마이드처럼 크게 걸려 있고,
발리우드의 올드영화에서부터
최신 영화까지 DVD가 넘쳐난다.

SALE - VCD
4 FOR $10
SALE - VCD
4 FOR $10

HINDI MOVIE DVD

3. 남부인도어엔 한국어가 있다

동남아 TV에서 반영하는 인도영화와 드라마를 보다 보면 깜짝 놀라는 경우가 많다.

인도영화와 드라마에서 한국말이 나오기 때문이다. 나중에 안 사실이지만 남부인도어에는 한국어와 유사한 단어들이 있다고 한다.

어쩌면 한국인과 유사한 인도인들의 성실함, 정 많은 성품도 오랜 역사적 교류의 결과는 아닐까?

유구한 역사속에서 한국인과 인도인의 연결고리를 찾는 건 무리일까?

3 idiots
TAMIL MOVIE DV
AMIL LATEST
Devdas

TAMIL MP3 1 FOR $6 3 FOR $15
T.M.S
TAMIL BLOCKBUSTER
TAMIL BLOCKBUSTER
SOLO HITS
VANIJAYARAM HITS
SUPER HIT MP3 SONGS COLLECTION

4. 동남아 인도음악

동남아에서 택시를 타면 자주 인도인 택시기사분을 만난다.

한국에서도 택시기사분들이 자신의 취향에 맞는 음악을
택시안에 틀어 놓듯이 인도인 택시 기사분도 자신의 취향에
맞는 음악을 틀어 놓는 경우가 많은데
음악의 장르가 대부분 인도음악이다.

택시안에서 창문밖 동남아 풍경을 보면서
인도음악을 듣다보면 쉼없이 일어났다 사라지는
생각들이 잠시 멈추게 된다.

마치 조용한 산사에서 향을 맡으며
묵언수행하듯이...

한국인들이 해외에서 아리랑에서 위안을 얻듯.
해외에 거주하고 있는 인도인들도 인도음악을
들으며 고단한 타향살이를 잠시 내려놓고
웃음지을 수 있는 것 같다.

인도의 전통음악엔 작은 북인 타블라와
서양악기 기타와 비슷하게 생긴 시타르를
연주한다.

인도인들에게 음악이 없는 삶은
생각할 수 없다.

인도이들에게 음악은
즐거움의 원천이다.

인도인들의 모든 통과의례에는
음악이 늘 함께 한다.

음악은 인도인의 삶이다.

JKKN
SIRI TEATER TRADISIO
MALAYSIA
JIKEY
7 & 8 Julai 2012
MASA
8:30 malam - 10.30 ma
TEMPAT
Panggung Eksperimen ASW
Kuala Lumpur
Di Sini Semaraknya Seni!
Where The Arts Come Alive!

5. 동남아에서 바라보는 인도그림

예향의 도시 광주에 가면
동양화를 일반 상점에서도
자주 접할 수 있는 시기가 있었다.
남도만의 멋을 느낄 수 있는 남도의
공간이었다.

동남아의 인도인들이 운영하는 상점에 들어가면
인도의 신화, 종교, 문화, 역사적 인물들이 인도만의
방식으로 그려지고 색칠된 인도그림들이 걸려있다.

동남아에서 인도인이 운영하는 상점을 방문하면 작은 구멍가게에서부터
이발소, 대형마트까지 다양한 주제를 담고 있는 인도그림들이 벽면을
장식하고 있다.

최첨단의 휴대폰과 컴퓨터를 판매하는 인도인이 운영하는 상점에도
디지털과 왠지 거리가 있어 보이는 전통적인 인도그림이 걸려있다.

동남아에 거주하고 있는 인도인들은 무슨 일을 하든 인도문화에 깊고
튼튼한 뿌리를 두고 있다.

Offer
Each Boks #1 &#2
Only
Offer
Each Boks

6. 동남아 인도축제

축제는 늘 즐거움을 준다.

축제는 일상을 새롭게
변신시켜준다.

외국에서 맞는 축제는 큰 의미로 다가온다.

외국에 살면서 자신들만의 축제를 성대하게
치를 수 있다는 것은 축복이다.

동남아 인도인들은 자신들의 축제를 성대하고
화려하게 준비한다.

그리고 마치 인도에서 축제를 치루는 것처럼
타향인 동남아에서 인도축제를 마음껏 펼친다.

그 기간만큼은 그 곳이 동남아가 아닌 인도이다.

Food Festival @ Little India

Seafood Mela 2012

7. 10월의 크리스마스 디파발리축제

어릴적 크리스마스 시즌이 되면 가슴이 설레이곤 했다.
가슴을 설레이게 한 것중에 하나는 크리스마스 트리였다.
반짝 반짝이는 크리스마스 트리는 크리스 마스를
어린아이에게 손꼽아 기다리게 만들었다.

부모님과 함께 만들어 하나 하나 장식했던 크리스마스 트리는
지금도 아련한 향수로 남아 있다.

저자가 싱가포르에 교환교수로 있을 때 10월이 되면 아파트에서
인도인이 사는 집을 방문하지 않고도 알 수가 있었다.

창문넘어로 마치 크리스마스 트리처럼 번쩍 번쩍이는 불빛이 새어나오는
집은 인도인 집이다.
힌두교 축제인 디파발리를 축하하기 위한 장식물에서 나오는
불빛이다.

디파발리 축제는 힌두력으로 10월, 11월에 개최되는
등불축제이다.

이 시기 무더운 동남아의 10월에 때 이른 크리스마스를 맞는다.
인도인의 디파발리 축제를 통해

힌두교 축제에는 종교적인 행사뿐만 아니라
다양한 물품들을 사고파는 정겨운 시장이
열린다.

8. 인도인의 빛 문화

인도의 거리,

힌두교 사원,

인도인의 상점,

인도인의 집,

모두 빛으로 빛난다.

인도인들이 있는 곳이면
모두 모두
빛으로 빛난다.

인도인에게 빛이란

세상을 비추는 빛

세상을 구하는 빛

자신을 구하는 빛
자신을 들여다 보는

빛

제4장 동남아 인도인의 복식문화와 장식문화 이야기

1. 인도인들의 다양한 피부색깔

인도인들의 피부색깔은 일반적으로
검은 편이다.

그런데 동남아 인도인들을 찬찬히 살펴보면
검은 피부색깔에 차이가 있음을 알 수 있다.

동남아 인도인들의 피부색은 아주 검은 피부에서부터
백인에 가까운 피부색을 갖고 있는 인도인이 있음을 알 수 있다.

동남아의 인도인들은 인도의 출신지역에 따라 피부색이 다른 경우가 많다. 일반적으로 인도의 북부 출신보다는 남부 출신들의 피부가 더 검은 경우가 많다.

동남아에서 만난 방글라데시인은 인도인과 방글라데시인을 어떻게 구분하느냐는 질문에 피부색으로 구분할 수 있다고 했다.
방글라데시인이 인도인보다 더 하얗다고 했다.

동남아 인도인들은 다양한 종교, 언어뿐만 아니라 피부색으로도 구분할 수 있다.

2. 인도인의 얼굴에는 서양이 있다

동양인과 서양인의 근본적인 외모의 차이는
얼굴에 있다.

팔, 손, 다리 등의 신체적 차이보다는 얼굴에 본질적인
차이가 있다.

인종박물관 동남아에서 지하철을 타면
지하철 의자에 길게 앉아 있는 다양한 인종들의 얼굴들을
흥미롭게 살펴 보는 경우 있다.

저자의 주관적인 판단이지만,

지하철에 앉어 있는 다양한 인종중에서
중국인에서 인도인으로 아랍인으로 갈수록
서양인의 얼굴에 더욱 근접하다는 것을 알았다.

특히 피부색이 상대적으로 다른 인도인에 비해
하얀 인도인들의 이목구비는 매우 서구적이었다.

인도인의 얼굴에는 서양이 있다.

worth over $100,000
with $100 spent.

's tasted
eyes first.
Executive Chef
Jason
Take your pal
COULD ASEAN END UP BEING SIDELINED BY A LARGER,
MORE POWERFUL EAST ASIAN FREE TRADE PACT?
TODAY
Death sentence no
longer mandatory

3. 동남아 인도인 복장

동남아에서 만난 인도인들의 복장은 매우
다양하다.

동남아에 거주하고 있는 인도인들은 종교와 직업에 따라
다양한 복장을 하고 있다.

외모는 인도인인데
착용한 복장은 천차만별이다.

다종다양한 동남아 인도인들의 복장을 보면
동남아 인도인을 한마디로 정의할 수 없음을
알게 된다.

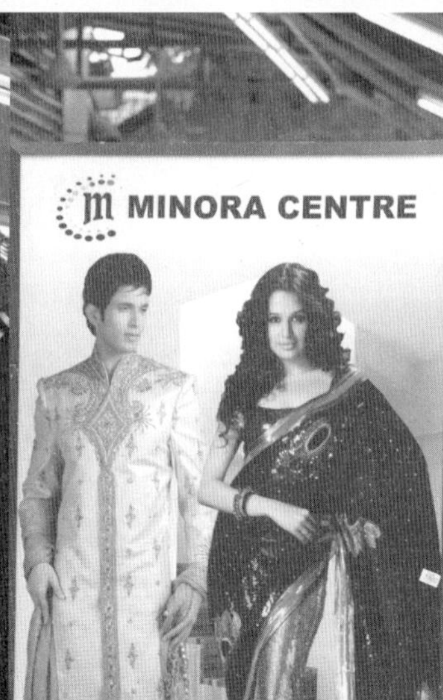
MINORA CENTRE

4. 터번을 쓴 동남아 인도인

동남아에서는 머리에 터번을 착용한
인도인들을 자주 볼 수 있다.
이들은 대부분 힌두교도가 아닌 시크교도들이다

터번의 색깔도 다양하다.
다양한 터번의 색깔만큼

이들의 직업도 다양하다.
터번을 착용한 점잖은 택시기사분도 있고
유명호텔의 벨보이도 있고
IT 전문가도 있고
대학교수도 있다.

다양한 터번 만큼
동남아에서 터번을 착용하고 있는
인도인들의 신분은 다양하다.

MUSTAFA CE
MUSTAFA
SINGAPORE
ENTRANCE - 4

5. 열손가락 모두 장식

미의 추구는 인간의 본능이다.
미를 추구하는 여성의 모습은 아름답다.

동남아 인도여성들의 미의 추구 방식은
매우 이채롭다.

동남아 인도여성들의 미의 기준도
매우 흥미롭다.

동남아 여성들은 열손가락 모두
장식품으로 장식한다.

동남아 여성들의 열손가락엔
인도가 있다.

인도인들은 금, 은 등의
장신구를 몸에 많이 할수록
부자라고 생각한다.

동남아 인도인들이 열손가락
모두 장식하는 이유는
아마도 부자의 꿈을 꾸기 위해서가 아닐까.

Ragam Fashion
Beauty Suhag
Bindi

6. 인도인의 문신 사랑

동남아 인도인들은 문신을 하는 것을 좋아한다.
특히 헤나 문신을 하는 것을 좋아한다.

동남아의 리틀인디아에 가면
길가에 길게 늘어선 줄을 볼 수 있는데

길거리 인도 뷰티 샵에서
헤나문신을 하기위한 기다림의 줄이다.

헤나는 식물염료로 다양한 무늬를
손 등에 그리는 장식인데
인도의 전통으로는 결혼식 날에
신부의 손과 발에 헤나 장식을
했다.

동남아에서는 결혼식뿐만 아니라
일상에서도 헤나로 장식을 하는 사람들이
많다.

가던 길 멈추고
헤나문신을 하는 과정을
물끄러미 쳐다 보면

헤나 문신이
하나씩
하나씩
완성되어 갈 때마다

인도의 신비로움도
하나씩
하나씩
커져간다.

7. 동남아 인도인의 금 사랑

동남아에서 만난 인도인들과 중국인들의 공통점중에 하나는 두 민족 모두 금을 좋아한다는 점이다.

금을 장식용으로 치장하는 모습에는 두 민족간에 차이가 있지만 금을 선호하는 취향하는 우열을 가리기가 힘들다.

인도인들이 금을 좋아하는 이유는
종교적인 의미일까?
미학적인 의미일까?
재산 증식의 의미일까?

Queen's
Tailoring & Beauty Parlour
2008/07/17
Tekka
Enterprises
#01-04
BUY IN
OLD
GOLD
EXCHANGE
FOR
CASH

NETS
VISA

8. 인도인의 장식품

인도인들은 장식하기를 좋아한다.
인도인들의 장식은 여성들만의 전유물이 아니다.
인도 남성들도 장식하기를 좋아한다.

인도인들의 장식물은 매우 기하학적이다.
기하학적 문양과 현란한 색채는

힌두교의 가르침
인도의 문화들이
녹아들어 있다.

COSTUME
JEWELLERY
REPAIR SERVICE

COSTUME
JEWELLERY
REPAIR SERVICE

제5장 동남아 리틀아 인디아의 풍경과 이야기

1. 동남아의 리틀인디아

리틀인디아?
리틀인디아는 동남아속의 작은 인도이다.

일반적으로 화교들의 집단거주지역을 차이나타운이라고 한다.
이러한 차이나타운은 동남아 어딜가나 규모의 차이가 있지만 존재하고 있다.
이처럼 중국인들의 해외집단거주지처럼
해외에 거주하는 인도인들의 집단거주지역을 리틀인디아라고 한다.

차이나타운처럼 동남아 모든 국가에 존재하는 것은 아니지만,
동남아에서도 인도인들의 거주비율이 높은
싱가포르, 말레이시아, 미얀마 등에는
상당히 큰 규모로 리틀인디아가 자리잡고 있다.

리틀 인디아에 가면
인도특유의 향기와 색채를 느낄 수 있다.

리틀 인디아에 가면
동남아화된 인도문화와 유니크한 인도문화를 만날 수 있다.

리틀 인디아에 가면
이제 막 동남아에 온 인도인과 동남아화된 인도인을 만날 수 있다.

리틀인디아에 가면
인도카레 향기와
동남아화된 동남아 인도 카레의 풍미를 함께 맛볼 수 있다.

SELAMAT DATANG KE LITTLE INDIA MELAKA
இந்தியர் வர்த்தக மையம் - வருக! வருக!
TAMAN MELAKA
KKKP 4343

BATU PAHAT
Buffalo Rd
ONE WAY
CCTV
Maxi-Cash
OPEN DAILY
SALE

2. 인도인 거리의 꽃 향기

꽃을 보고 화내는 사람은 없을 것이다.

꽃 선물을 받고 기뻐하지 않을 사람도 없을 것이다.

금방 시들어 버리는 꽃이지만 꽃은 인간을 행복하게 해준다.

동남아 인도인 거리와
힌두교 사원의 근처에 가면

온갖 꽃을 판매하는 상인들이 거리를 메우고 있다.

이 많은 꽃들은
동남아 힌두교 신자들이 힌두교 사원의 신께 바치는
신성한 꽃이다.

동남아 인도인 거리에 가면
형형색색의 꽃들의 다양한 향기를
천천히 걸으며 음미할 수 있다.

3. 공휴일에 리틀인디아에 가면

세계적으로 다종다양한 문화를 구분하는 것중에 하나가
개인주의와 집단주의이다.

인도문화는 대표적인 집단주의 문화이다.

인도문화는 나보다 우리가 우선이다.

인도문화는 개인보다는 집단이 먼저이다.

인도인들의 집단성은 일본의 집단성만큼
강하다.

동남아의 공휴일에 인도 거리엔
모초럼 휴식시간을 갖는 타향살이의
인도인들이 집단으로 모여 즐거움을
나눈다.

동남아 공휴일의 인도거리엔
이방인이 혼자 걷기 힘들정도로
인도인 세상이다.

삼삼오오 모여
끝없이 이야기를 나눈다.

타향살이 이야기
고향이야기

그리고

그리운 인도이야기

Co.
LIN

MKM
BANK
F.O.S

Nalli CHINNASAMI CHETTY
KARTHIKA
ABEERAMEE
ABEERAMEE RESTAURANT

4 동남아 리틀인디아 지하철

동남아 리틀인디아의 지하철에 내리면
동남아의 인도세계가 펼쳐진다.

지하철 광고판은 발리우드 스타들의
사진으로 장식되어 있다.

동남아 인도세계로의 첫발은
동남아 리틀인디아 지하철역에서 시작된다.

지하철 역사를 벗어나면
동남아속 인도가 눈 앞에 성큼 다가온다.

불과 지하철 한 정거장인데
다른 세계가 펼쳐진다.

to HarbourFront
to Punggol

Platform B
NE7
Little India
லிட்டில் இந்தியா
லிட்டில் இந்தியா
North East Line
to Punggol
Free Lifetime Maintenance
Cash Buyback Guaranteed on Gold & Diamonds
MALABAR GOLD & DIAMONDS
MALABAR GOLD & DIAMONDS

5. 인도인의 길거리 종교의례

동남아에는 힌두교 사원이 많아
힌두교 의례를 힌두교 사원에서 대부분 하지만

인도인들이 웅집해 있는 거리에서도
힌두교 의례가 이루어지는 경우도 많다.

인도인들의 길거리 종교행사는 소박하지만
종교적 색채가 이국적인 풍경을 연출한다.

인도인들의 길거리 종교 행사는 길손들에게
인도문화와 종교를 추억속에 담아 준다.

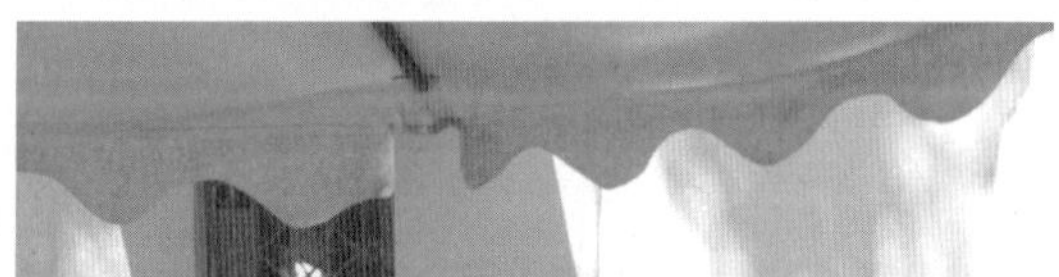

6. 동남아 인도인 헌책방에 가면

아날로그 시대에서 디지털 시대로 넘어 가면서
편리함도 있지만 사라져 가는 것들에 대한 아쉬움도
커지고 있다.

우리곁에서 사라져 가는 것중에 하나가 헌책방이다.
헌책방에 가면 누구간의 손때 묻은 책들이 낯선이를
추억속으로 인도해준다.

헌책방이 사라진다는 건 디지털화되지 않은 수 많은 책들이
사라지는 것이고 문화공간도 없어지는 것이다.

동남아를 구석 구석 다니다 보면 헌 책방을 만나는 행운이
찾아 올 때가 있다.

동남아 헌책방의 주인은 인도인인 경우가 많다.
물론 종업원도 인도인이다.
인도인이 운영하는 동남아 헌책방에 가면
낡은 책들이 뿜어내는 특유의 냄새,
인도의 향기가 정겹게 뒤섞여 있다.

동남아 인도인 헌책방에 가면
무엇보다 헌책방의 잔재미인 흥정을 인도인과 웃으면서
유쾌하게 할 수 있다.

동남아 인도인 헌책방에 가면
인도인의 정과 상술을 동시에 느낄 수 있다.

ENGLISH
COMICS
20%

7. 동남아 인도인 이발소

동남아 인도인 거리를 걷다보면
어릴적 나를 만나게 해준다.

동남아 인도인 거리에는 인도인 이발소가 있다.
이발소의 바깥 풍경과 내부 풍경은

한국의 70년대 이발소 모습을 닮고 있다.

아버지 손을 잡고 갔던 70년대 한국 이발소를
동남아 인도인 거리의 인도인 이발소에서 만날 수 있다.

눈에 익은 오래된 이발도구들,

하얀 비누거품을 하고 면도하고 있는 인도인들의 모습,

동남아 인도인거리
인도인 이발소에 가면

1970년대 한국의 오래된 흑백사진을 만날 수 있다.

NO SMOKING
1-8-2012

KEDAI GUNTING RAMBUT
Nathan
SELAMAT DATANG
HAIR SALOON

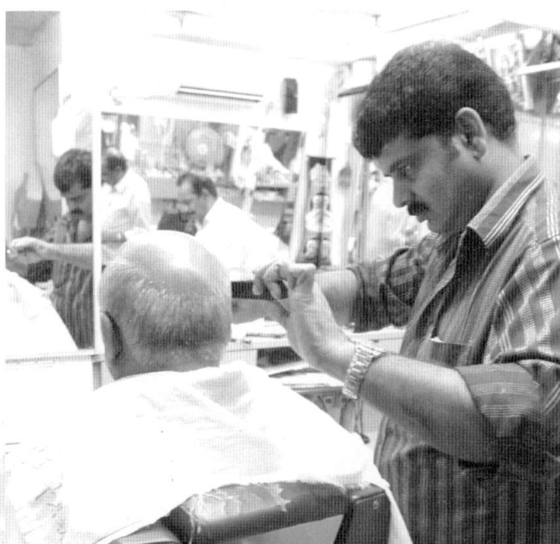

제6장 동남아 인도인들의 캐릭터 이야기

1. 동남아 인도인들의 정

동남아에서 만난 인도인들은 지위고하를 막론하고 정이 많았다.

저자가 싱가포르 경영대학교에 교환교수로 있을 때 옆방에 있던 인도인 교수의 배려와 친절함은 마치 오래된 고향 형님을 만났을 때 느낄 수 있는 깊은 정(情) 그 자체 였다.

저자가 브루나이 국립대학에 연구차 잠시 머물 때 기숙사와 각종 연구편의 등을 제공해준 교수님도 스리랑카 출신의 교수님이었다.

동남아에서 만난 인도인들에게는 한국인에게 느낄 수 있는 정이 있다.
그 정의 원천에는 우리처럼 한(恨)도 자리잡고 있는 것 같다.

슬픔과 한이 정을 만들었는지 모르겠다.

2. 동남아 인도인의 가족사랑

외국의 거리를 혼자 걷다보면
가족과 함께하는 외국인들의 모습이
그리움으로 다가온다.

동남아 거리를 걷다보면
정겨운 인도인 가족들의 모습을 볼 수 있다.

식당에서 가족들을 잘 돌보는
인도인의 따뜻한 모습도 볼 수 있다.

가부장적인 인도문화가 남아있지만
동남아 인도가족들을 보면

속사랑은 누구보다 컸지만
무뚝무뚝했던 우리네 아버지들의
모습을 보는 것 같다.

ELEVEN
OCBC Bank
little india

3. 동남아 인도인은 뛰지 않는다

중국인들의 만만디는 매우 유명하다.

그러나

인도인들의 느긋함도 만만디 못지 않다.

동남아에서 만난 인도들의 모습에서
조급함, 서두름을 찾아 보기는 쉽지 않다.

동남아 인도인들은 뛰지 않는다.

동남아 인도인들과 비즈니스 할 때는
기다림에 익숙해져야 한다.

REX CINEMAS

ABR
MUSIC VIDEO
PTE LTD
TDK
UCO BANK

4. 동남아 인도인의 부리부리한 눈의 다양한 의미

동남아에서 인도인들과 대화를 나누다보면
인도인들의 크고 부리부리한 눈을 쳐다보게 된다.

언뜻 보면 화가 난 것처럼 보이기도 하고

또 언뜻 보면 어떤 생각을 하는 것처럼 보이기도 하고

농담을 섞어 이야기 할 땐 익살스럽게 보이기도 하고

인도 전통무용의 무용수는 눈빛 하나로 희노애락의 모든
감정을 다 표현하다.

동남아 인도인들과 이야기할 땐 인도인들과 아이컨택트를
유지하며 대화를 나누어야 한다.

그래야 그들과 적극적이고 진실한 커뮤니케이션을 할 수 있다.

HINDU GOD
FRAMED PICTURES
HOMAM SETS
RELIGIOUS BOOKS
Sales Staff wanted !

5. 인도인의 호기심

인도인들이 전 세계적으로
최고의 IT전문인력이 된 이유로
손꼽는 것중에
하나는
인도공대 등의 체계적인 IT교육,

또 하나는 전 세계 어디에서도
커뮤니케이션이 가능한 영어능력,

그리고
또 하나는 저임금

그러나
무엇보다
인도인들이 글로벌
최고의 IT전문인력이 된 이유는
인도인들의 지적 호기심에 있다.

동남아에서 만난 인도인들은
지적 호기심이 매우 많았다.

이러한 인도인들의 풍부한 지적 호기심은
IT 솔루션에서 독창적인 문제해결능력의
원동력이 되고 있다.

인도인의 경쟁력은
그들의 끝없는 지적호기심에 있다.

TRICHY HALL

6. 친절한 인도인 노동자들

말레이반도가 영국식민지배를 받고 있을 때 영국식민정부가 말레이반도의 식민지 개발을 위해 인도인들 근로자를 말레이반도로 이주시킨 이유중에 하나는 인도인들의 착함에 있다.

저자가 싱가포르 난양공과대학교에 Vsiting Scholar로 있을 때 저자의 연구실이 있던 건물의 일부가 공사를 하였는데 근로자의 대부분이 인도에서 파견된 근로자들이었다.

매일 만나는 인도인 근로자들과 자연스럽게 대화도 나누고 저자의 연구실에 필요한 부분을 그들에게 부탁을 하기도 했다.

인도에서 파견된 인도인 근로자들에게서 느낀 점은 친절함이 몸과 마음에 배어 있다는 점이었다. 그들은 바쁜와중에도 저자가 부탁을 하면 친절하게 웃으며 항상 응대해 주었다.

GO

STOP

7. 동남아 인도인의 성실성

성실함은 인간관계와 사회생활에서
지속성과 변함없음을 보여주는 것 같다.

저자는 싱가포르에서 교환교수를 한 이후
10여년 동안 자주 싱가포를 방문하였는데

방문할 때마다 행복했던 옛 추억을 찾아
저자가 거주했던 아파트를 자주방문하는데
10여년 동안 아파트에서 일하던 많은 사람들이
방문할 때마다 하나, 둘 바뀌어 있었는데

저자와 친하게 지냈던 아파트 인도인 종업원은
여전히 그 자리를 지키고 있었다.

매우 성실했던 아파트의 인도인 종업원은 변함없는
성실함으로 그 자리를 그대로 지키고 있었다.

성실함은 변함없는 지속성을 보여준다.

늘 그 자리에 성실했던 그들이 있기를 바란다.

PARC OASIS
STOP
SHC2511T
NOTICE TO VISITORS
WARNING

Seventh-day Adventist
Kindergarten
三育幼稚園
PH1757L

8. 동남아 인도인의 사고방식은 서양과 동양을 품고 있다

인도의 가부장적이고,

남성중심주의적이고,

집단주의적인 성향은
동양을 매우 닮아 있다.

그러나

인도인들은 서양인처럼 토론에 능하고 매우 논리적이다.

인도인들의 탁월한 토론과 논리성은 서양을 매우 닮아 있다.

특히 동남아 인도인들은 외부문화에 개방적인 동남아 문화로
인해 사고방식이 더욱 서양적인 면이 강하다.

DASANI

9. 인도인의 수리능력과 언어능력은 타고난 재능인가?

인도인의 탁월한 수리능력과 언어능력은 학계뿐만 아니라 산업현장과 비즈니스에서도 인정받고 있다.

그렇다면 인도인의 수리능력과 언어능력은 타고난 재능인가?

인도인들의 DNA가 다른 민족에 비해 수리와 언어 능력에서 탁월한지는 객관적으로 알 수가 없다.

그러나 인도인의 수리능력과 언어능력이 탁월함은 객관적인 사실이다. 따라서 인도인의 수리능력과 언어 능력은 타고난 재능과 후천적인 노력의 결과로 해석하는 것이 타당하다.

인도인들은 태어남과 동시에 다언어국가에서 생존을 위해 2~3개 정도의 언어를 습득해야 되는 환경에 놓여져 있다, 여기에 인도인들의 타고난 언어능력이 결합되어 인도인들의 언어능력은 더 효과를 발휘하고 있다.

인도인의 뛰어난 수리능력도 타고난 재능도 우수하지만, 19단을 외우고 베다수학으로 폭 넓은 수학적 사고를 하는 후천적인 노력도 한 몫을 하고 있다.

결론적으로 인도인의 수리능력과 언어 능력은 선천적인 재능과 후천적인 노력의 산물이다.

이러한 인도인들의 수리능력과 언어 능력은 동남아에서
인도인들의 경쟁력을 높이는데
결정적인 역할을 하고 있다.

10. 동남아의 인도여성

전통적으로 인도는 남성우위 문화이다.
시대의 흐름속에 인도의 남성우위 문화도
변화를 보이고 있지만 여전히 속도는 느리다.

인도의 남성 우위문화에 비해
동남아는 전통적으로 모계사회이고
양성평등 사회이다.

전통적으로 동북아와 동남아의 차이점중에 하나도
양성평등에 관한 부분이다.

동남아의 인도여성들은 인도전통 복장을 한 경우도 있고
모던한 복장을 한 사람도 있다.

인도의 전통복장을 했던
서양식의 복장을 했던

동남아 인도여성들은
적극적으로 사회활동을 하고
있다.

Shop & Dine
@L3 & L4

EXIT
Ingersoll
swatch
ck

11. 동남아 인도학생들

언제부터인가
우리는
무한경쟁의 시대에 살고 있다.

무한경쟁의 소용돌이는 동남아도 비껴가지
않았다.

동남아 학생들의 동남아 지역의 명문대학에
진학하기 위한 경쟁은 매우 치열하다.

이러한 치열한 경쟁속에서 동남아 인도학생들의
상위권 대학 진학률은 매우 높다.

동남아 이주 인도인 1세대들이 동남아의 뜨거운 태양에서
흘린 땀의 결실이 후세들에게서 나타나고 있다.

MONE
Canon
EOS DIGITAL

12. 인도학생들은 인도학생들끼리

동남아의 학교는 다종다양한 학생들이
어울려 구성되는 경우가 많은데

동남아에 거주하고 있는 인도인 학생들의
모습을 살펴보면

일반적으로 인도학생들은 인도학생들끼리
어울려 다니는 경우가 많다.

초등학교 학생도 인도학생은 인도학생끼리

중학교 학생도 인도학생은 인도학생끼리

고등학교 학생도 인도학생은 인도학생끼리

대학생들까지도 인도학생은 인도학생끼리
어울려 다니는 경우가 많다.

인도학생들끼리 있을 때에는 인도어로 말한다.
다른 민족과 대화를 할 때는 영어로 하지만....

동남아 인도학생들이 초등학생부터 대학생까지
학교의 다른 민족 학생들보다는 인도학생들끼리
더 어울리는 이유는 그 만큼의 인도인으로서의
동질성, 일체감이 강하기 때문이다.

13. 동남아 인도인의 결혼식

전통적인 인도결혼식은 부모님이 카스트의 신분에 적합한
배우자를 정해주고 신랑, 신부는 신부집에서 개최되는
결혼식날 처음으로 상대방을 봤다고 한다.

동남아 인도인의 결혼식은 인도의 전통과 서양의 문화가
혼합되어 있다.

결혼식 전에 인도전통 복장을 한 인도 전통음악단이 흥겨운 연주를 한다.
여기까지는 인도전통의 결혼식 모습이다.

그런데 신랑과 신부의 모습은
웨딩드레스와 턱시도이다.

동남아 인도인의 결혼식은
동남아 인도인들의 동남아에서의
변화되어 가는 단면들을 보는 것 같다.

14. 동남아 인도인의 생일파티

동남아 인도인의 생일 파티에 초대받은 적이 있다.
동남아 인도인의 생일 파티는 한국과 매우 닮아 있다.

한국의 생일파티가 한국식 미역국에 서양식 케익에 떡까지
서양과 동양의 생일파티 문화가 퓨전되어 있는 것처럼

동남아 인도인의 생일파티도 서양의 케익과 인도전통 음식이
퓨전되어 있었다.

동남아 인도인 생일파티와 한국인 생일파티의 공통점은
생일 파티 음식의 전통과 모던의 퓨전뿐만 아니라

생일파티에 초대된 사람에 대한 지극정성의 배려와
넉넉한 음식준비도 많이 닮아 있다.

15. 인도인과 소

힌두교에서는 소를 매우 신성시 한다.
동남아 힌두교 사원에 가면 소를 조각한
장식물들을 많이 볼 수 있다.

소의 맑고 순한
큰 눈을 보면

소의 흔들림없는 우직함이
다가온다.

동남아 힌두교 신자들은
너무 쉽게 변해만 가는 세상에
소의 우직함같이 변함 없는
진리를 추구하는지 모르겠다.

동남아 들판에는 평화롭게 노니는
물소들이 많고 동남에서 소는 사랑
받는 동물이다.

16. 인도인과 코끼리

인도인과 코끼리는 많은 관련이 있다.
불교뿐만 아니라 힌두교도 코끼리와 관련이 많다.

동남아 인도인 거리를 걷다 보면
코끼리 장식물을 많이 볼 수 있다.

인도인들이 코끼리를 좋아하는 이유는
코끼리의 착한 성품 때문이 아닐까.

코끼리는 힘센 동물이지만, 인간에게 해를 끼치지
않고 인간에게 순종하는 동물이다.

동남아 인도거리의 다종한 다양한 코끼리
장식물은 동남아의 힌두교신자뿐만 아니라
불교신자들에게도 큰 인기를 얻고 있다.

코끼리의 힘찬 용맹정진이
동남아 인도인들에게
타향살이의 버거움을 벗어나는
힘찬 아이콘이 되고 있는지 모르겠다.

제7장 동남아 인도인의 비즈니스 문화 이야기

1. 고대부터 현재까지 동남아 인도 노동자들의 꿈

고대 인도 상인들은 해상무역을 위해 동남아지역으로 이주를 많이 하였다.

제국주의 시대 인도인들은 노동자 신분으로 동남아지역에 대거 이주하였다.

산업화시대, 정보화시대 인도인들은 전문직종에 종사하면서
동남지역으로 이주를 하고 있다.

그러나 지금도 동남아 건설현장과 3D 업종에 가면 인도에서 노동자 신분으로
동남아에 이주한 인도인들이 많다.

제국주의 시대 동남아로 이주한 인도인 단순 노동자들과
산업화, 정보화 시대 동남아로 이주한 인도인 단순노동자들의
꿈과 염원은 같을 것이다.

꿈은 인도에 두고 온 가족을 하루라도 빨리 만나는 것,
염원은 동남아에서 돈 많이 많이 벌어 가족을 행복하게 해주는 것.

시간이 흘러 시대가 변했어도
동남아 인도인 노동자들의 꿈과 염원은
인도에 두고 온 가족과 함께할 행복.

2. 동남아 인도 비즈니스맨

동남아를 오고가는 비행기를 타다보면
옆자리에 인도인이 동승하는 경우가 많은데

그들 대부분은 인도와 동남아,
동남아와 동북아를 상대로 비즈니스를 펼치고 있는
비즈니스맨들이 많다.

또한 그들 대부분은 영국과 미국의 명문대학을 나와서
유럽과 미국 등에서 인도인들이 두각을 나타내고 있는
IT분야 뿐만 아니라 금융과 M &A 분야에서 일하고 있었다.

그들의 선조인 고대 인도상인들이 동남아와 중국을 오가며
해상무역을 펼쳤듯이 그들의 후손들은 이제 비행기를 타고 다니며
동남아를 거점으로 글로벌 비즈니스를 펼치고 있다,

3. 동남아 인도 비즈니스맨들의 다양한 종교

동남아에서 성공한 인도인 비즈니스맨들의 종교는
힌두교뿐만 아니라 다양한 종교를 갖고 있는 사람들이 많다.

동남아 인도인들이 사업가로 성공한 계기중에 하나는 종교적인 측면도 강하다
아주 작은 미물이라도 소중하게 생각하는 인도인들의 종교적 사상이
무의식적으로 미생물을 해칠 수 있는 농업보다는
유통과 무역과 같은 사업가의 길로 인도한 경우가 많다.

종교와 비즈니스
양립할 수 없는 것처럼 보이지만
일견 동남아 인도인들은 종교적 신념 때문에
생업을 비즈니스로 선택한 경우도 있다.

4. 본국에 송금하는 동남아 인도인

동남아 은행에 인간의 긴 줄이 이채롭다.

동남아에서 일하고 있는 인도인 근로자들이
동남아에서 힘들게 번 돈을 본국인 인도에
송금하기 위해 늘어선 줄이다.

인도경제에서 외국에서 일하는 인도인들이 본국에
송금하는 금액이 차지하는 비중은 매우 높다.

외국에서 일하는 인도인 노동자들이 본국에 송금하는 돈은
인도에 있는 가족들뿐만 아니라 인도경제에도 큰 보탬이 되고 있는 것이다.

외국에서 일하는 인도인 노동자들은 훌륭한 가장일뿐만 아니라
애국자이다.

POSB

5. 동남아 인도 섬유상은 글로벌 무역업자

동남아의 인도인 거리에는 오색찬란한 원단의 상점들이 도로에 촘촘히 모여 있다.

원색의 원단부터 인도 특유의 다양한 문양들이 새겨진 원단까지 상점의 밑바닥에서부터 천정끝까지 원단으로 상점이 빈틈없이 채워져 있다.

원단 상점에는 인도 전통 복장을 한 여성들이 원단을 고르는 모습을 자주 볼 수 있다.

이러한 동남아 인도 섬유상들은 소매업체도 있지만 대규모 도매업체도 있고 세계 곳곳의 원단의 비즈니스 네트워크를 주도하고 있는 무역상들도 많다.

SALE

6. 동남아 지하철의 인도인

동남아에서 이른 아침에 지하철을 타면
출근 길의 인도인들을 만날 수 있다.

동남아에서 늦은 저녁 지하철을 타면
퇴근 길의 인도인들을 만날 수 있다.

동남아 지하철에서 만난 인도인 노동자의 모습
은 늘 피곤한 모습이다.

고단한 일상에 지하철 의자에서
단잠을 청하고 있는 경우가
많다.

이에비해 화이트 칼라의 인도인들은
신문과 스마트폰을 보며 때론
친구들과 즐거운 담소를 나누고 있다.

동남아에서 지하철을 타면
다양한 인도인들의 출퇴근 모습을
통해

동남아 인도인들의 다양한 삶의 모습을
볼 수 있다.

Spin and win prizes
worth over $100,000
with $100* spent.

7. 동남아 인도들의 동거동락

동남아에서 인도인이 운영하는 상점은 매우 많다.

동남아 인도인들이 운영하는 상점이 많다는 것은

그만큼 인도인들이 동남아에서 다른분야보다 상업에
종사하는 비중이 높다는 반증일 것이다.

인도인이 운영하는 상점에 가면
인도에서 단기적으로 동남아에 일하러 온
인도인들이 많다.

예전이나 지금이나 동남아에서 사업으로 성공하여
동남아에서 자리를 잡은 인도인들은 자신들의
인도고향에서 고향 후배들을 동남아로 불러
함께 동거동락한다.

8. 동남아 인도인은 말이 빠르다

동남아 인도인들이 자신들의 언어로 말하는 것을 보면 속도가 매우 빠르고, 큰소리로 말하는 경우가 많다.

물론 동남아 인도인들의 언어속도를 다 빠르다고 일반화할 수는 없지만...

사람에 따라 말하는 속도는 다 다르겠지만, 동남아 인도인들중에는 말을 빠르게 하는 사람들이 많다.

동남아 인도인들은 영어로 말할 때도 속도가 빠른 경우가 많다.

그러나

동남아 인도인들의 말이 빠르다고 해서 생각도 빠르고, 의사결정도 빠른 것은 아니다.

동남아 인도인들중에 말을 빨리하는 하는 사람이라고 하더라도 행동과 의사결정의 속도가 빠르지는 않다.

동남아 인도인들이 말의속도가 빠르다고 해서 의사결정도 신속할 것이라고 생각해서는 안된다.

9. 동남아 인도 상인들의 상인정신

동남아에서 상거래를 하다보면
각 민족간의 상관행이나 상술을 느낄 수 있다.

동남아의 경제권은 아세안 10개국 모두
화교들이 장악하고 있다.

그래서 동남아의 상인, 사업가하면
화교들을 가장 먼저 떠올린다.

그러나 화교만큼은 아니지만
동남아에서 인도인 상인과
사업가의 활약도 매우 활발하다.

저자가 동남아에서 인도인 상인들과
상거래를 하면서 느낀 점은
인도인 상인들은 흥정을 즐긴다는 점이다.

물건을 사고 팔 때 흥정은 상거래의 묘미이다.
어떤 경우에는 흥정에 감정이 썩여 흥정이
감정이 되는 경우도 있지만

동남아에서 인도인들과 상거래를 할 때 인도인들이
흥정을 감정으로 만드는 경우는 없었다.

인도인들은 흥정을 감정으로 만들지 않고
흥정을 즐길줄 안다.

인도인들의 상거래에는 차분함과 인내심이 있다.

10. 동남아 인도인은 토론을 좋아한다

서양인과 동양인의 차이점중에 하나가
토론에 관한 점이다.

서양인은 자신의 생각을 논리정연하게 표현하는
토론문화에 매우 익숙하다.

이에비해 동양인들은 자신의 생각을 강력하게
표출하는 것보다
다른 사람과의 의견을 조율하여 조화롭게 인간관계를
이끌어 가는 것이 미덕으로 받아들여지고 있다.

토론의 관점에서 보면
동남아 인도인들은 동양보다는 서양에 가깝다.

동남아 인도인들은 토론을 잘한다.
동남아 인도인들은 토론문화에 매우 익숙하다.

동남아 TV에서 반영하는 토론 프로그램을 보면
인도인들의 논리정연한 토론을 자주 볼 수 있다.

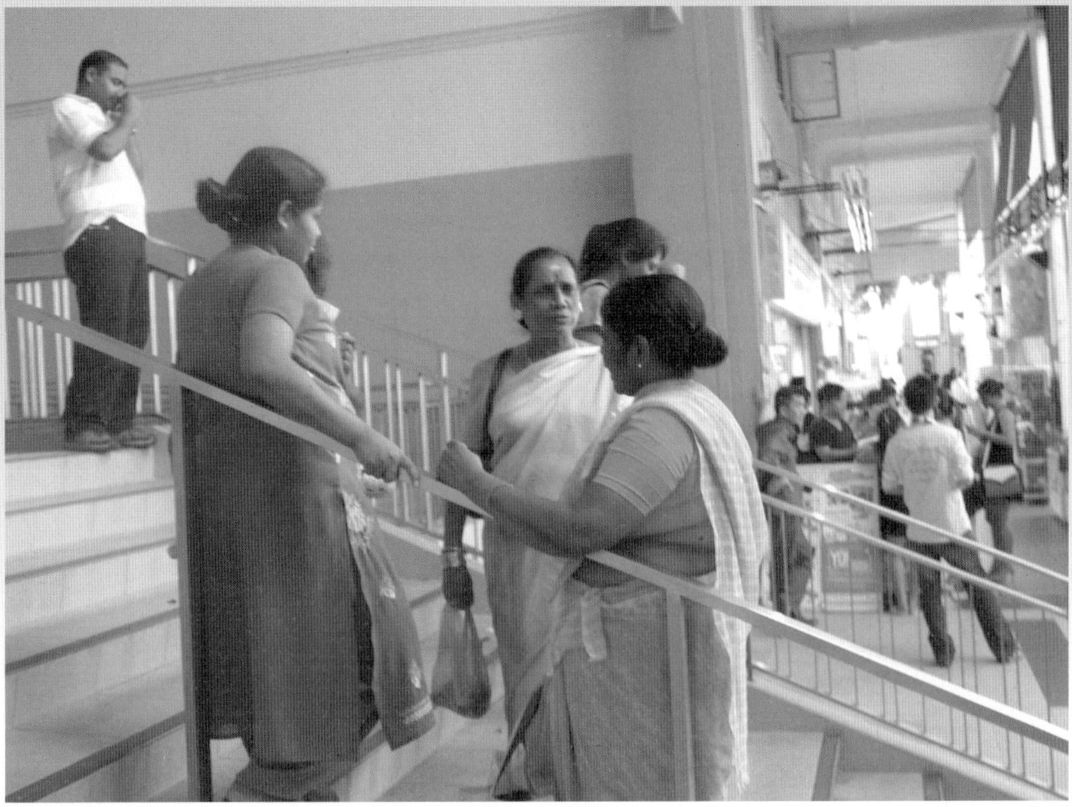

11. 인도인들의 계산력

현대화된 유통점에서 판매원이 주판을 사용하여
값을 계산하는 경우를 찾아보기는 쉽지 않다.

모든 상거래가 자동화되어 있다.
계산이 인간의 머리가 아닌 자동화된
시스템에 의존하고 있다.

그러나 동남아 전통시장과 노점상 등에서 물건을 살 때는
지금도 흥정을 통해 인간의 머리에 의한 계산을 통해
상거래를 하는 경우가 많다.

인도인들의 계산력은 이미 정평이 나있다
우리의 구구단이 아닌 인도인들은 19단을 술술외우고 있다.

동남아 전통시장에서 인도인들과 상거래를 할 때
인도인들의 정확하고 빠른 계산력을 실감하게 된다.

역시 인도인들은 숫자에 강하고 계산력이 탁월하다.

INDIA TOPUP
RS-50 $2.50
RS-100 $4.50
RS-200 $8.50
SINGTEL
SIM CARDS
AVAILABLE
HERE

MINORA CENTRE
MINORA CENTRE

12. 인도인들의 탁월한 기억력

비즈니스를 할 때

상대방의 이름과 직함을 정확히 기억하는 것은
매우 중요하다.

동남아 인도인들은 기억력이 매우 좋다.

동남아의 인도인들과 만났을 때
인도인들의 탁월한 기억력은
상대방에게 호의과 친절함으로 다가온다.

동남아에서 인도인들과 비즈니스를 할 때
인도인들은 늘 나를 기억하고 있다는 점을 명심해야 한다.

또한 자신도 상대방 인도인의 이름을 기억하여 호의에 호의로
답해야 한다.

13. 인도인들의 전통과 모던

인도인들을

어떤 관점에서 보느냐에 따라

어떤 시대에서 보느냐에 따라

인도인들의 모습과 삶은 여러 모습을 하고 있다.

IT와 점성술

서로 연관성이 없을 것 같고 어울리지 않은 조합이다.

그러나

동남아 인도인들에게 IT와 점성술은
삶을 함께가는 동반자인 경우가 많다.

동남아의 인도인 IT 전문가와 금융업자 등은
최신식의 인텔리전트한 빌딩에서 최첨단의 방법으로
일을 하고 있지만, 이들중에 상당부분은 인도의 점성술과
종교를 전통적인 방법으로 믿고 있는 경우가 많다.

동남아 인도사회는 최첨단과 인도의 전통이 늘 공존하고 있다.

14. 인도인의 웃음

동남아에서 만난 인도인들의
모습에는 웃음이 있다.

즐거울 때도 웃지만,

힘들 때도 웃음에 힘듬을 덜어낸다.

어색할 때도 멋쩍은 웃음을 짓는다.

가장 마음에 남는 인도인의 웃음은
배려와 정이 듬뿍 담겨 있는 친절한 웃음이다.

인도인의 웃음에 다양한 그들의 감정이 숨어 들어 있다.

동남아에서 인도인들과 비즈니스 할 때는 인도인의 웃음의
의미를 나의 관점이 아닌 상대방의 관점에서 따뜻한 마음으로
살펴 보아야 한다.

15. 동남아 인도인 상점에 가면

동남아에서 상점에 들어가 보면
상점주인이 어떤 민족이고,
어떤 종교를 갖고 있는지 알 수 있다.

상점의 입구에서부터 민족과 종교적
색채가 강한 장식물들과 그림이 있다.

동남아 인도인 상점에 들어가면
상점주인이 어떤 종교를 믿고 있는지 알 수 있다

동남아 인도상점 주인의 종교가
힌두교인인지, 이슬람교인지, 불교인지, 시크교인지
알 수 있다.

동남아 인도인의 상점에는 상점주인의 종교적
성향에 따라 비즈니스 행운을 축원하는 방식이
다양하다.

GOKULAM
SILVER & GOLD PLATED
COSTUME JEWELLERIE'S
HAIR ACCESSORIES
GOLD
PLATING
SERVICE
AVAILABLE
WE WELCOME
WHOLE SALE
ENQUIRIES.
GOLD
PLATING
SERVICE
AVAILABLE
GOKULAM

16. 동남아 인도인의 영어엔 인도가 있다

일반적으로 인도인들은 영어를 잘한다.

특히 동남아에서 인도인들의 유창한 영어구사력은 인도인의 경쟁력을 높이고 있다.

동남아 인도인들이 동남아를 토대로 전 세계로 비즈니스를 할 수 있는 원동력중에 하나도

인도인들의 유창한 영어 구사능력이 뒷받침되고 있기 때문이다.

동남아 인도인들의 영어능력은 탁월하지만 인도인의 영어엔 인도식 발음이 배어있다.

인도인의 영어엔 인도가 있다.

17. 동남아 고급 아파트에는 인도인들이 많다

싱가포르와 말레이시아의 경우 국민들중에 소득이 높은 사람들은 일반 아파트가 아닌 콘도에 거주하고 있는 경우가 많다.

콘도는 일반아트에 비해 피트니스, 테니스코트, 사우나 등 편의시설과 24시간 경비가 있는 고급 아파트이다.

저자가 싱가포르와 말레이시아의 콘도에서 거주할 때 입주민중에 인도인들이 많았다.

동남아 고급콘도에 인도인들이 많다는 것은 동남아에서 경제적으로 성공한 인도인들과 동남아에서 비즈니스를 펼치고 있는 인도인들이 많다는 반증일 것이다.

제3부
인도에 대한 이해

제1장 인도 입문

1. 인도는 대국인가?

정답은 Yes 이다.

인도는 국토도 넓고 인구도 많다. 국토의 크기는 3,287,263㎢로 한반도의 15배정도로 매우 광활하다. 인도의 국토면적은 세계 7위이다. 이 넓은 국토에 거주하고 있는 인구는 약 13억으로 세계 2위이다 이처럼 인도는 국토, 인구 모두 한 나라로 보기에는 큰 대륙에 가까운 나라이다. 인도의 다채로움, 다양함은 기본적으로 큰 땅덩어리, 헤아릴 수 없이 많은 인구에서 출발하고 있다.

▶▶▷ Check Point | shidhu에서 India까지

산스크리트어의 신두(shidhu)가 페르시아어의 영향으로 힌두(Hindu)로 변한 다음에 영어의 인디아(India)로 변했다(이은구, 2007).

▶▶▷ Check Point | 인도인이 생각하는 인도문화권은 어디까지?

인도라는 국가명칭은 인더스강에서 유래되었지만 현재 인더스강은 파키스탄의 영토이다. 그러나 인도인은 인도뿐만 아니라 파키스탄, 방글라데시, 아프가니스탄, 네팔, 부탄, 스리랑카까지도 인도문화권으로 받아들이고 있다.

인도의 문화권은 크게 동, 남, 북으로 분류할 수 있는데 인도 동부 문화권인 아삼주는 몽골계를 토대로 하는 문화이고, 인도의 북부 문화권인 카슈미르는 아리아계 문화가 토대를 이루고 있다 이처럼 인도문화는 다양한 문화를 아우르고 있어 인도인들은 인도문화권을 국토를 넘어 확대하여 간주하고 있다. 특히 인도문화는 아리아계의 북부문화와 드라비다계의 남부문화가 차이가 큰데 가장 큰 차이점은 드라비다계 문화는 모계사회라는 점이다(Suda Arna Rohra, 2010).

2. 인도는 동남아시아에 속하는가?

정답은 NO 이다.

많은 사람들이 인도와 동남아시아를 혼동하는 경우가 많다. 인도는 동남아시아 국가가 아니고 아라비아해와 뱅골만 사이에 있는 서남아시아 국가이다.

▶▶▷ Check Point | 어디까지 서남아시아인가?

서남아시아는 오스만 제국이 쇠퇴한 이후 이지역에 대한 유럽국가들의 진출과 이 지역 특유의 다양한 민족, 종교, 문화 등의 다양한 문제가 혼합되어 여러국가로 분리되었다(아서 코테렐, 2013). 인도가 속한 서남아시아는 인도이외에도 파키스탄, 방글라데시, 스리랑카, 부탄, 네팔 등의 국가들로 구성되어 있는데 서남아시아는 다양한 종교가 공존하고 있는 지역이다. 인도와 네팔은 힌두교 국가이고, 파키스탄과 방글라데시는 이슬람국가이다. 그리고 스리랑카와 부탄은 불교국가이다.

서아시아 국가(2010)

항목	인도	파키스탄	방글라데시	아프가니스탄	스리랑카	네팔	부탄
국토면적 (천 km^2)	2,973	796	148	652	66	147	38
인구 (만 명)	118,400	17,500	14,450	2,839	2,045	2,856	690
GDP (억 달러)	16,706	1,722	990	142	491	147	14
1인당 GDP (달러)	1,324	932	602	504	2,403	491	1,960
FDI (백만 달러)	216,868	21,413	19,239	400	8,307	950	540
무역 (백만 달러)	24,640	2,016	913	76	478	39	12

자료: Global Insight, UNCTAD, KOTRA(2012), KIEP(2012)

▶▶▷ Check Point | 어디까지 남아시아인가?

서남아시아의 국가들은 또한 남아시아로 분리되기도 하는데 남아시아(South Asia)은 남아시아지역협력체(South Asian Association for Regional Cooperation)에 회원국인 인도, 파키스탄, 스리랑카, 방글라데시, 네팔, 부탄, 아프가니스탄, 몰디브의 8개국을 의미한다. 남아시아 국가들은 인도-아랸족,

드리비디안족, 몽골족, 오스트로족을 주요 종족으로 하여 약 2,000여개의 다양한 종족으로 구성되어 있다(남아시아연구소, 2016).

최근들어 남아시아의 경제가 지속적인 성장세를 보이고 있다. 2005~2010년 남아시아지역경제성장률은 평균 8.5%로 경쟁지역인 아세안 국가들의 2006~2010년 평균경제성장률 5.2%보다 높다. 특히 골드만삭스가 BRICs 이후 세계경제를 주도할 국가로 선정한 11개국에 남아시아의 국가들인 파키스탄과 방글라데시가 선정되었다(김미수, 2011).

▶▶▷ Check Point | SAARC는 무엇인가?

남아시아 지역에는 이 지역의 지역협의체인 남아시아지역협력연합(South Asian Association for Regional Cooperation)이 1985년에 설립되어 역내 국가들간의 경제교류뿐만 아니라 사회문화적인 교류도 증진시키려고 노력하고 있다. 한국은 미국, 중국, 일본, EU, 호주, 이란, 미얀마, 모리셔스 등과 함께 옵저버 국가로 참여하고 있다(MOFAT, 2016).

3. 인도의 수도는 뭄바이인가?

정답은 NO 이다.

인도의 수도는 뉴델리이다.

인도하면 떠올려지는 도시는 뭄바이(Mumbai)이다 우리에겐 봄베이(Boombay)로 알려진 도시이다. 뭄바이는 봄베이에서 도시 이름을 바꾼 것이다. 뭄바이는 서부에 있는 글로벌 도시이지만 인도의 수도는 아니다. 인도의 수도는 1931년 캘커타(Calcuta)에서 이전한 뉴델리(New Delhi)이다. 인도에는 28개주(state)와 7개 연방 직할지(Union Territories)가 있다(소영일, 2007). 인도는 인도중앙정부가 직접 관리하고 있는 7개 연방직할지와 28개 주가 있다(Kadokura Takashi, 2007).

인도헌법 제1조에 인도는 여러주의 연방이라고 명시되어 있고 의회도 연방의회와 주의회로 분리되어 있다. 대통령이 임명한 인도 각주의 주지사가 주의회에서 신임을 얻은 총리를 임명한다(Shimada Takshi, 2002).

영국의 인도식민지화는 인도가 플라시 전투에서 1757년 영국의 동인도회시에

인도 28개주

명칭			
1	안드라 프라데슈(Andhra Pradesh)	15	마하라슈트라(Maharashta)
2	아루나찰 프라데슈(Arunachal Pradesh)	16	마니푸르(Manipur)
3	아삼(Assam)	17	메갈라야(Meghalaya)
4	바하르(Bilhar)	18	미조람(Mizoram)
5	차티스가르(Chhattisgarh)	19	나갈란드(Nagaland)
6	고아(Goa)	20	오리사(Orissa)
7	구자라트(Gujarat)	21	펀자브(Punjab)
8	하리야나(Haryana)	22	라자스탄(Rajasthan)
9	히마찰 프라데슈(Himachal Pradesh)	23	식킴(Sikkim)
10	잠무 · 카슈미르(Jammu and Kashmir)	24	타밀 나두(Tamil Nadu)
11	자르칸드(Jharkhand)	25	트리푸라(Tripura)
12	카르나타카(Karnataka)	26	우타르 프라데슈(Uttar Pradesh)
13	케랄라(Kerala)	27	우타란찰(Uttaranchal)
14	마디야 프라데슈(Madhya Pradesh)	28	웨스트 뱅골(West Bengal)

자료: 소영일 (2007)

인도 7개 연방 직할지

1	안다만·니코바르제도 (Andaman and Nicobar Islands)
2	찬디가르(Chandigrh)
3	다드라·나가르 하벨리(Dadra and Nagar Haveli)
4	다만·디우(Damand and Diu)
5	델리(Delhi)
6	락샤드 위프(Lakchadweep)
7	퐁디셰리(Pondicherry)

자료: 소영일 (2007)

패배하면서 시작되었는데 영국의 인도식민지배는 인도의 동부지역부터 점진적으로 확대되었다. 현재의 뭄바이와 콜카타가 영국 동인도회사의 거점으로 개발되면서 상업이 발달하게 되었다. 양도시의 차이점은 콜카타는 경제지배적인 관점에서 영국상인이 지배적이었고 인도상인은 종속적인 관계를 형성하고 있었다. 이에비해 뭄바이는 경제세력관계에서 영국상인과 인도상인이 대등한 관계를 정립하고 있었다(스가이 신이치, 2011).

4. 인도의 정치체제는 왕정인가?

정답은 NO 이다.

인도의 공식적인 국가명은 인도공화국(Republic of India)이다. 즉, 인도는 왕정이 아니고 공화국이고 정치체계는 의원내각제이다.

인도는 1947년 8월 15일 3세기 이상의 식민통치를 받았던 영국으로부터 독립한 이후 인도공화국을 수립하여 대통령을 국가원수로하는 의원내각제를 수립하였다. 인도의 대통령은 임기가 5년으로 의회가 간접선거로 선출한다. 수상은 의회의 신임을 얻어 대통령이 임명한다. 의회는 양원제로 하원(Lock Sabha)은 보통선거에 의해 선출되고 상원(Rajya Sabha)은 각 주의회 의원에 의한 간접선거와 대통령의 지명으로 이루어진다. 상원을 상징하는 라자(Rajya)는 주를 나타내고 하원을 상징하는 로크(Lock)는 민중을 나타내고 있다.

인도는 독립이후 독립투쟁을 주도했던 국민회의파 정당과 네루가족에 의해 통치되어 왔었다. 네루는 변호사 출신의 인도의 초대 수상으로 1962년 발생한 인도중국의 전쟁의 패배로 쇠락하였으나 자신의 딸인 인디라 간디에 이어 손자인 라지브 간디까지 인도를 통치하였다. 이러한 네루가족에 의한 인도통치 시기를 네루간디 왕조라고 부루고 있다(Shimada Takshi, 2002).

인도하면 떠올려진 랜드마크가 타지마할이다. 그래서 많은 사람들이 인도는 지금도 왕이 통치는 절대왕정으로 생각한다. 그러나 인도의 정치체는 연방공화제로 대통령이 있고 행정수반으로 수상이 있다. 의회도 양원제로 상원 245석, 하원 545석으로 구성되어 있다. 그리고 표에서 보듯이 인도에서는 정당과 노동조합이 연계된 경우도 많다

인도의 정치

정치체제	연방공화제
국가원수	대통령, 행정수반 총리
의회	양원제(상원 245석, 하원 545석)
주요정당	인도국민당(BJP), 인도국민당(INC), 통일진보연맹(UPA)

자료: KIEP(2016)

인도의 노동조합(CTUO)과 인도 정당과의 연대

노동조합	연대 정당
All India Trade Union Congress(AITUC)	Communist Party of India(CPI)
Indian National Trade Union Congress(INTUC)	Indian National Congress(INC)
Bhartiya Mazdoor Sangh(BMS)	Bharatiya Janata Party(BJP)
Centre of Indian Trade Unions(CITU)	Communist Party of India-Marxist(CPI-M)
Labour Progressive Federation	Dravida Munnetra Kaghazam(DMK)
All India Central Council of Trade Unions(AICCTU)	Communist Party of India(Marxist-Leninst) Liberation
National Front of Indian Trad Unions -Dhanbad(NFITU-DHN)	Rashtriya Janata Dal(RJD)

자료: Ahn(2010), 이웅 외(2013)

제2장 인도의 민족과 언어 그리고 종교

1. 인도는 다민족 국가로 주류종족인 없는가?

정답은 NO 이다.

인도는 세계에서 가장 복잡한 다민족 국가중에 하나이다. 그러나 인도는 주류종족인 아리안족이 약 70%를 점유하고 있다.

인도의 인종

드라비다인	· 드라비다인은 인도 현지 토착민이라는 주장과 이주민이라는 주장이 있음 · 드라비다인은 모헨조다로 문명을 펼쳤으나 아리아인족에 의하여 멸망함
아리아인	· 아리아인은 중앙아시아 인도로 이주하여 베다문화를 성립함 · 피부색이 인도토착민에 비해 흰편이었으나 다양한 혼혈이 됨
몽골로이드	· 몽골로이드는 인도의 몽골족으로 전통적인 몽골족과 구분하여 Paleo-Mongoloid라고 호칭한다.
네그로이드	· 네그로이드는 피부가 검은 인종으로 주로 인도의 남부지역에 거주하고 있음
오스트롤 로이드인	· 오스트롤 로이드인은 폴리네시아 토인들과 동족으로 인도 중부지역에 많음

자료: 문철우 외(2005)

인도의 민족과 언어, 종교

민족	아리안족(72%), 드라비다족(25%), 기타(3%)
언어	힌디어(41%), 텔루구어(7%), 마라티어(7%)
종교	힌두교(80%), 이슬람교(14%), 기독교(2%), 시크교(2%)

자료: KIEP(2016)

인도의 인종 구성 비중

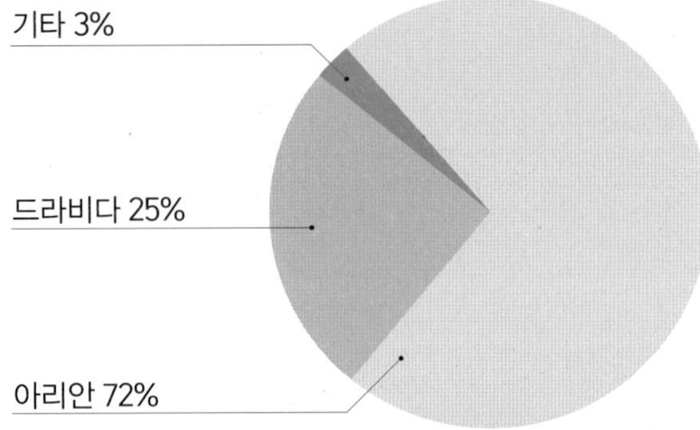

자료: Census India, KIEP(2016)

▶▶▷ Check Point | 인도의 용맹한 3대 민족

영국의 인도식민 지배시기 제1차 세계대전과 제2차 세계대전에서 용맹한 부대로 명성을 얻었던 인도인 부대는 인도의 시크교도들로 구성된 시크연대, 네팔인으로 구성된 구르카 연대, 나가인으로 구성된 나가 연대가 있다(김도영, 2005). 이러한 충성심이 강하고 용맹한 인도인들의 성품은 군대뿐만 아니라 비즈니스에서도 탁월한 능력을 발휘하고 있다.

2. 인도는 영어가 국어인가?

정답은 NO 이다.
인도는 다민족 국가답게 다언어 국가이다.

인도정부는 인도인구의 약 40%가 사용하고 있는 힌디어를 연방수준의 공영어로 하고 있고 영어를 준공용어로 지정하고 있다. 또한 18개주의 주요언어를 공용어로 사용하고 있고 있다.(Kadokura Takashi, 2007). 따라서 영어는 인도의 국어가 아니다.

힌디어 = 연방공영어
영어 = 준공영어
18개주의 언어 = 공영어

인도는 다언어 국가이다. 인도 헌법에는 사용인구가 가장 많은 힌디어를 연방공용어로 지정하였고 다른 언어를 사용하는 인도내의 수 많은 민족 사이에서의 커뮤니케이션을 원활하게 할 수 있도록 준공용어로 영어를 지정했다. 즉, 인도에서는 영어가 다양한 언어를 사용하는 다양한 민족간에 공통어로 사용되어 커뮤니케이션에서 중요한 수단으로 활용되고 있다.

또한 인도정부는 18개 주의 언어를 공용어로 지정하였다. 이외에도 인도에는 수많은 소수민족이 있는데 이러한 소수민족들이 시용하는 언어의 수는 수 천개이다(Kadokura Takashi, 2007).

북부 인도인이 사용하는 힌디어와 남부인도인이 사용하는 타밀어는 공통된 단어도 없고 문법도 상이한 언어이다. 인도정부에서는 1970년대 초부터 초등학교에서 모어(母語), 주의 언어, 공용어의 3개언어를 모두 교육하고 있다. 여기에서 모어는 현재 자신의 거주지와 상관없는 고향의 언어를 의미한다. 이러한 모어는 자신의 정체성의 확립에 매우 중요하다(Suda Arna Rohra, 2010).

인도에 다양한 민족들이 다양한 언어를 사용하게 된 이유는 무엇보다 인도에 다양한 언어를 사용하는 다양한 민족들이 인도에 이주하여 동거동락하며 거주하고 있기 때문이다. 인도에는 기원 전부터 인도 · 아리안 어족, 중국 · 티베트어족, 오스트로 · 아시아족, 드라비다어족과 같이 4가지 상이한 언어를 사용하는 민족이 살고 있었던 것으로 추론되고 있다(이은구, 2001).

인도의 언어 계통별 분류

- 티베트-비르족 | 니시어(Nissi어), 칸나다어(Kannada어), 마니푸리어(Manipuri어)
- 인도-아리아족 | 벵갈어(Bengali어), 힌디어(Hindi어), 마라티어(Marathi어), 펀자브어(Punjab어)
- 드라비다어족(Dravidian languages) | 타밀어(Tamil어), 텔루구어(Telugu어)

자료: Kadokura Takashi (2007)

▶▶▷ Check Point | 인도의 화폐에는 15개 언어가 적혀있다

인도의 화폐에는 힌디어뿐만 아니라 인도에서 사용되고 있는 15개 언어도 같이 표기 되어 있다(Kadokura Takashi, 2007).

인도의 지정어 사용 인구 및 채택 지역 현황(1991)

(단위: 십만명, %)

언어명	지정어 채택 지역	인구비율
힌디(Hindi)	델리 외 9개주	40.22
뱅갈리(Bangali)	서뱅골	8.30
텔루구(Telugu)	안드라프라데시	7.87
마라티(Marathi)	마하라슈트라	7.45
타밀(Tamil)	타밀나두	6.32
우르두(Urdu)	잠무카슈미르	5.18
구자리티(Gujarati)	구자라트	4.85
칸나다(Kannada)	카르나타카	3.91
말라얄람(Malayalam)	케릴라	3.62
오리야(Oriya)	오리사	3.35
펀자비(Punjab)	펀자브	2.79
아삼(Assamese)	아삼	1.56
콘카니(Konkani)	고아	0.21
마니푸리(Manipuri)	마니푸르	0.15

자료: Register General & Census Commissioner, Census of India 2001, Government of india, 김윤희(2006)

인도 제작 영화 언어별 비중

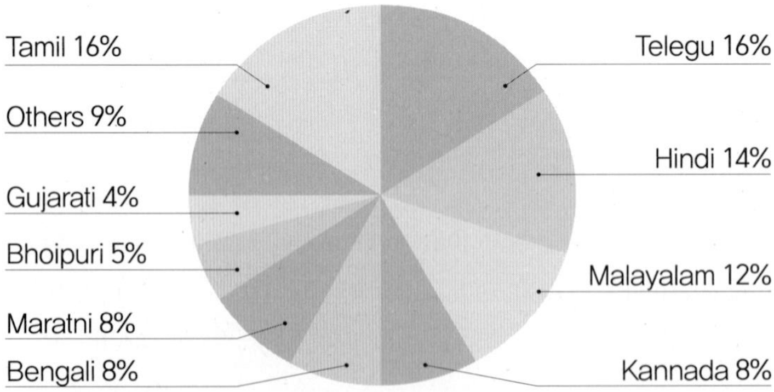

자료: MESC(2014), 최윤정외(2014)

3. 인도에서 영어의 다양한 의미

1) 식민지배 시기

영어 = 식민지배의 수단

영국은 1600년 동인도회사를 설립하여 인도의 식민지화를 추진하고 1858년에는 인도를 직할지역으로 지정하면서 식민지배를 구체화하면서 뭄바이와 마두라스에 대학을 설립하여 영어교육을 체계적으로 확대하였다(Kadokura Takashi, 2007). 영국이 인도를 식민지배할 때 영어는 통치자의 언어였고, 인도인들이 그 당시 선진문화를 접할 수 있는 수단으로 작용하였다. 특히 식민시대 영어는 인도인들이 엘리트가 되는데 필수 요소였다. 영어는 식민사회에서 단순히 지배자인 영국인들과 피지배계층인 인도인들간의 커뮤니케이션의 수단을 넘어 인도인들이 식민지배체제하에서 생존과 신분 상승에 동아줄과 같은 역할을 하였다.

2) 독립 이후 인도에서 영어의 의미

현재 인도인 중에서 약 2억 명 정도의 인도인이 모국어가 아닌 식민지배의 언어였던 영어를 원어민 수준의 영어를 구사하며, 수억명의 인도인이 일상적인 영어회화를 할 수 있다. 특히 인도에서는 초등학교 때부터 영어를 교육하고 영어로 수업을 하고 있다(이옥순, 2007).

일본식민지배를 받은 한국은 일본으로부터 독립 이후 한국사회에서 일본어를 사용하는 경우는 거의 없다. 그런데 인도는 독립 이후에도 영어를 계속 사용하고 있다. 가장 큰 이유는 인도는 다언어국가로 인도사회에서 지역별로 상이하게 사용하고 있는 언어중 어느 한 언어로 언어를 통일하려고 할 경우 많은 사회적 갈등을 가져올 수 있기 때문이다.

이러한 다민족, 다언어 국가의 특징으로 인해 인도내의 어느 민족이나 구사할 수 있는 영어를 지금도 준공영어로서 상용어로 사용하고 있다. 또한 영어가 국제어로서 갖고 있는 무한한 경쟁력은 인도인들이 영어를 더욱 열심히 학습하고 사용하는데 큰 동인으로 작용하고 있다.

▶▶▷ Check Point | IT와 영어

영어를 유창하게 구사할 수 있는 사람이 인도에 많다는 것은 인도의 IT산업 발전에 지대한 공헌을 하고 있다. 가장 큰 이유는 인도의 IT 전문인력의 주요 고객이 영미권 기업들이라는 점이다. 따라서 인도인들의 유창한 영어 능력은 IT 비즈니스에 큰 도움을 주고 있다. 또한 글로벌 인터넷의 사용 언어의 약 80% 이상이 영어라는 점도 영어를 유창하게 사용할 수 있는 인도 IT 전문인력에게 유리하게 작용하고 있다.

4. 인도사람은 모두 힌두교 신자인가?

정답은 NO 이다.

인도는 다민족 국가답게 다종교 국가이다.인도는 힌두교의 발상지이고 많은 사람들이 갠지스강하면 힌두교 신자들의 힌두교의 종교적 행사를 떠올린다. 물론 인도인중에서 힌두교 신자는 약 80%이상으로 다수를 차지하고 있다 그러나 인도에는 이슬람교, 시크교, 불교 등을 믿는 신자들도 많다.

5. 인도에서 발생한 종교는 힌두교뿐인가?

정답은 NO 이다.

도표에서 보듯이 인도에서 발생한 종교는 힌두교뿐만 아니라 불교, 자이나교, 시크교도 있다.이처럼 인도에서는 다양한 종교가 발생하여 인도뿐만 아니라 전 세계적으로 확산되었다.

인도 주요 종교의 분포

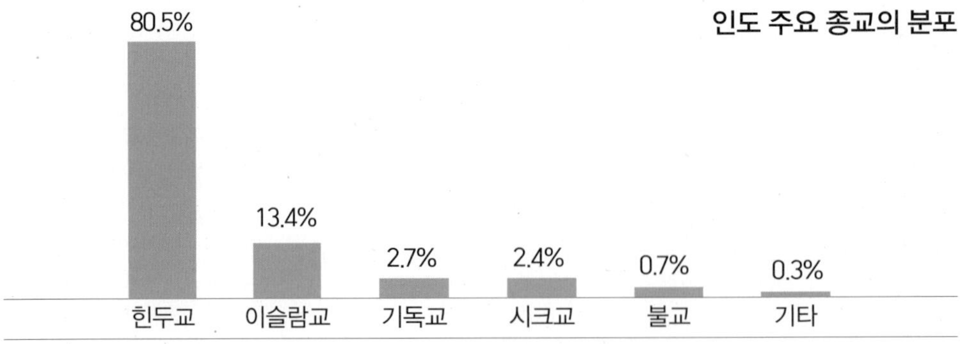

자료: Government of India, 2005, Ministry of Information, 문철우외(2006)

▶▶▷ Check Point | 힌두교와 시크교, 시크교와 불교의 차이점

이슬람교의 영향을 받은 시크교는 힌두교의 사상인 윤회전생을 수용하였지만, 카스트 제도를 수용하지 않고 이슬람교의 평등사상을 수용한 힌두교의 개혁종파이다. 자이나교도 카스트 제도를 수용하지 않았고 계율이 매우 엄격하다. 이처럼 불교는 중용을 강조하지만 자이나교는 금욕을 강조하는 점이 자이나교와 불교의 차이점이다. 특히 자이나교는 불교에 비해 해외로 전파되지 않고 인도내에서 유지발전되었다(Kadokura Takashi, 2007). 특히 자이나교는 간디의 비폭력에 지대한 영향을 주었다. 동남아에 주로 유입된 인도 종교는 힌두교와 불교이다(류경희, 2001).

▶▶▷ Check Point | 시크 5K

시크의 어원은 제자를 의미하는 시샤에 있다. 이처럼 시크는 스승으로부터 큰 가르침을 배우는 제자 집단을 의미하고 종교 수호를 위한 종교군대적 개념도 갖고 있다. 시크교는 신에 대한 철저한 헌신과 인간에 대한 봉사를 중요하게 생각한다. 시크교도들은 5K라고 말해지는 성스러운 5가지를 항상 몸에 지니고 다닌다. 5K는 다음과 같다. 평생 자르지 않은 머리(kesh), 머리빗(kanga), 속옷(kaccha), 팔찌(kara), 단검(kirpan). 시크교도들의 인구는 인도 총인구에서 약 2% 미만이지만 시크교도들의 경제력은 인도내에서 1~2위권을 형성하고 있다(김도영, 2005).

인도의 주요 종교의 특징

자생 종교	힌두교	· 바라문교와 인도 토착 민간신앙이 혼합되어 발전함
	불교	· 불교는 힌두교의 희생제사와 카스트 제도를 없앰
	자이나교	· 자이나교는 생명에 대한 불살생을 강조하여 농사를 짓는 과정에서 벌레등을 살생하지 않기 위해 마스크를 착용할 정도임 · 자이나교는 불상생을 위해 농업보다는 상업에 종사하는 사람이 많음
	시크교	· 시크교는 이슬람교과 힌두교를 접목한 종교임
외래 종교	이슬람교	· 이슬람교는 인도에 델리 술탄 왕조가 설립되면서 인도에 전래되었고 무굴제국시대에 확대되었음.
	기독교	· 기독교는 영국이 인도를 식민통치하는 동안 인도에 전래되었음

자료: 문철우 외(2005)

▶▶▷ Check Point | 인도인에게 종교란?

인도인의 일상생활은 종교로 시작해서 종교로 끝날 만큼 종교와 매우 밀접한 관계를 갖고 있다(Terri Morrison. 1994). 인도인에게 종교는 일상이고 삶의 우선순위에서 종교는 최우선 순위에 있다.

제3장 인도인의 복식과 커뮤니케이션 문화

1. 인도인의 의상

인도인의 복장은 매우 다양하고 인도인을 인도인답게 만든는 문화적 요체이다. 인도여성들이 전통적으로 착용하는 겉옷을 사리라고 한다. 사리는 일반적으로 길이가 4.5~6m 정도되는 비단이나 면으로 된 천이다.

인도여성들이 사리를 착용할 때는 왼쪽에서 시작하여 온 몸을 감싸 듯이 두르거나 두건처럼 머리에 둘러 착용한다. 또한 인도 북부지역의 남성들은 셔츠의 길이가 무릎 정도까지 오는 쿠르따를 착용하고 헐렁한 바지인 파자마를 착용한다. 그리고 인도인들은 은으로 제작한 팔찌를 여러개 겹쳐 팔에 착용하거나 금 장식품

인도의 의상

여자	사리 · 사리는 천을 허리에 감아 어깨에 걸쳐 밑으로 내려 입는 옷이다 · 사리는 지역에 따라 매는 방법, 천의 길이가 상이하다
	살와르 까미즈 · 살와르 까미즈는 인도 북부 지방에서 주로 착용하는 옷으로 상의는 긴 셔츠이다
	뻔자비 · 뻔자비는 인도의 젊은이들이 착용하는 옷으로 긴 팔과 반팔의 긴 상의와 숄을 함께 착용한다.
	도티 · 도띠는 인도의 동부와 남부지방에서 주로 흰색의 천을 사용하여 만든 옷이다
남자	쿠르따, 파자마(상의, 하의) · 쿠르따는 인도 북부지방에서 주로 착용하는 무릎 정도의 길이의 상의이다 파자마는 헐렁하게 입는 바지이다
	세르와니는 무릎이상 내려오는 코트이다

자료: 문철우 외(2005)

을 착용하는 것을 즐겨하는데 인도인들은 몸에 장신구를 많이하면 할수록 부자라고 생각한다(안느 드 에닝, 2008).

표에서 보듯이 인도의 복식문화는 지역과 종교에 따라 다소 상이한 모습을 보이고 있다. 인도 남부지역의 타밀 사람들은 사롱과 유사한 흰색의 도티(dhoti)와 셔츠를 착용한다. 기혼여성은 이마에 빨간 점을 찍거나 가름마에 빨간 선을 긋는다. 이에비해 미혼여성은 빨간 색을 제외한 모든 색의 점을 찍을 수 있다.

인도인들중에 가장 눈에 띄는 사람들은 시크교도들이다. 시크교도들은 누구나 머리에 터번을 착용하고 있기 때문에 구분하기가 쉽다. 남성 시크교도들은 머리카락을 자르면 않되고 콧수염과 구레나루도 자르면 안되어 옆으로 비스듬히 꼬아서 터번 밑으로 넣는다(Heidi Munan, 2005).

2. namaste와 pranam

인도의 전통적인 인사는 나마스떼(namaste)이다. 나마스떼는 인도의 전통적인 인사이기도 하지만 상대방에 대한 존경의 표시이기도 한다. 특히 산스크리트어로 당신 앞에 절합니다라는 의미가 내포되어 있다(KITA,2016).

인도인들은 합장하듯이 턱밑에 양손을 모으고, 머리를 숙이고 나마스떼라고 상대방에게 말한다. 인도인들과 비즈니스할 때 악수를 할 수 없는 경우에는 나마스떼의 인사방식으로 하면 된다. 특히 인도에서 여성과 인사를 나눌 때는 나마스떼 방식으로 악수를 대신할 수 있다(Terri Morrison. 1994). 프라남(pranam)은 인도에서 스승에게 허리를 구부려 스승의 발위에 자신의 손을 갖다 댄후에 그 손을 다시 자신의 이마에 대는 정중한 인사방법이다(Suda Arna Rohra, 2010).

3. 인도인들의 성함과 직함

일반적으로 힌두교들은 본래 성(family name)이 없었다. 힌두교도의 자녀들은 부친의 이름의 이니셜 뒤에 본인의 이름을 쓴다. 즉 누구의 아들, 누구의 딸로 불린다. 특히 인도여성은 혼기가 되어 결혼하면 부친의 이니셜이 아닌 남편의 이니셜을 사용한 이름을 사용한다(KITA, 2002).

시크교도인 인도인은 본인의 이름 뒤에 남성의 경우에는 Singh, 여성의 경우에는 Kaur를 붙인다. 또한 인도인들 직함은 매우 중요하게 생각한다. 따라서 Professor와 Doctor와 같은 전문적인 직함은 항상 붙인다(Terri Morrison. 1994).

4. 인도인의 바디랭귀지

인도에서는 상대방을 손가락으로 가리키는 행위가 매우 실례되는 행동으로 간주된다. 인도인은 상대방을 가리킬 때 턱을 사용한다. 휘파람을 부는 것은 상스러운 일로 간주되므로 삼가야 한다.

인도인이 자신의 귀를 잡는 행위는 회개하고 있음을 나타낸다. 특히 인도인들은 귀를 신성하게 여기므로 상대방의 귀를 잡아당기는 행위는 금기시된다. 이에 비해 인도인들은 발을 더러운 부분으로 인식하고 있으므로 자신의 발로 상대방을 가리켜서는 안되고 자신의 신발이나 발이 상대방에게 닿았을 때는 정중히 사과해야 한다.

▶▶▷ Check Point | 인도인들이 선호하는 색, 싫어 하는 색과 숫자

인도인들은 색깔에 대해 호불호가 확실한데 흰색과 검정색은 선호하지 않는 색이고, 인도인들이 선호하는 색깔은 노랑, 초록, 빨강 등이다. 인도인에게 현금을 줄 때는 홀수로 해야 한다(Terri Morrison. 1994).

▶▶▷ Check Point | 인도인의 No, problem의 의미

인도인들과 대화를 나눌 때 인도인들이 자주 사용하는 말중에 하나가 No, problem인데 No, problem의 의미는 상대방의 말을 잘 이해했다는 말이지, 어떠한 문제도 없다는 의미가 아니다(KITA, 2016).

5. 인도인 = 다양함 = 차이를 수용

인도는 다양한 종교, 언어, 민족이 공존하고 있는 다문화 사회이다. 그런데 인도의 또하나의 특징은 인도인들은 이러한 다양함속에서 발생하는 차이를 자연스럽게 수용한다. 인도의 네루 전 총리는 이러한 인도의 다양함과 차이 존중의 문화를 다음과 같이 표현하고 있다.

"Unity in Diversity" 인도인들의 이러한 다양함에서 차이를 존중하고 공통점을 찾아내서 일체감을 형성하는 능력은 다양한 분야에서 장점으로 나타나고 있다. 인도인구의 40%가 문맹이지만 인도는 세계에서 두 번째로 많은 학자와 기술자를 보유하고 있다(Suda Arna Rohra, 2010).

제4부
힌두교에 대한 이해

제1장 힌두교 입문

1. 힌두교 = 다신교

힌두교는 아리안의 브라만(Brahman)교에서 발전하여 브라만교에서 정착된 카스트제도가 존속되었고 수많은 종파가 생겨났다. 힌두교는 다신교로 각지역의 신과 개별 가족의 신뿐만 아니라 개인별로 신을 숭배하지만 해탈과 윤회의 기본교리는 같다(Kadokura Takashi, 2007). 특히 힌두교는 특정 신을 신봉하기를 강요하지 않는다. 어떤 신을 숭배하는 가는 집단과 개인의 자유로운 선택으로 결정된다.

힌두교는 다신교인데, 힌두교의 신들은 인간의 모습을 갖고 있는 경우도 있고, 반인반신의 모습을 갖고 있는 경우도 있다(정광흠, 2006). 힌두교는 다양한 신중에서 어떤 신을 신봉하는가에 따라 다양한 종파로 분류된다. 힌두교는 유일신을 믿는 종교가 아니다. 인도인들이 믿는 힌두교에는 다양한 신들이 있는데 다양한 신들에는 락슈미와같은 여성을 상징하는 신도 있고 시바와 같이 남성을 상징하는 신도 있고 창조를 상징하는 신이 있는가 하면 또한 창조의 반대인 파괴를 상징하는 신도 있다.

그리고 코끼리와 같은 동물과 강과 같은 자연을 신격화한 신들도 있다. 이처럼 힌두교의 신은 매우 다양하여 힌두교에는 3억 3천 이상의 신이 있다. 그러나 힌두교에서는 이처럼 다양한 신들이 있지만 궁극적으로는 신은 하나이고 하나의 신이 다양한 형태로 나타난다고 믿고 있다.

힌두교의 역사와 핵심사상

구분		내용
역사		· 힌두교는 인도의 토착신앙과 아리아인의 바라문교가 혼합되어 발전함 · 아라아인은 BC 15세기경에 중앙아시아부터 인도 북서부로 이주함
사상	업	· 전생의 업에 따라 현재가 결정된다는 사상
	법	· 힌두교는 카스트 각 계급이 지켜야할 법과 힌두교 신도의 인생의 4단계에 관한 생활규범 · 계급에 따른 법(Dharma 다르마)의 실천은 해탈에 이르기 위한 것임
	해탈	· 힌두교의 사상은 업과 윤회로부터의 벗어난 해탈을 목표로 한

자료: 문철우 외(2005)

2. 힌두교는 창시자와 통일된 교리가 없다

힌두교는 삶의 방식이고 문화이다. 힌두교는 서구적 의미의 종교적 관점에서 보면 종교적 체계를 갖추고 있지 않다. 힌두교와 다른 종교의 가장 큰 차이점은 힌두교는 힌두교를 창시한 창시자가 없고, 탄생시기도 없다 또한 통일된 힌두교 경전이 없다는 점이다. 힌두교는 인도에서 발생한 다양한 종교와 사상을 아우르는 포괄적인 개념으로 신앙형태로 힌두교 교리가 통일되어 있지 않고 다양한 형태로 유지되고 있다(류경희, 2001).

이러한 힌두교의 사상은 리그베다에 다음과 같이 표현되고 있다"진리는 하나다. 다만 현자들이 그것을 다양한 이름으로 부를뿐이다"(베르너 숄츠, 2007). 이처럼 힌두교의 교리는 통일되지 않은 것처럼 보이지만 힌두교의 교리는 결국 하나이다.

3. 힌두교 = 인도

힌두교는 Hinduism을 번역한 것으로 인도인을 뜻한는 Hindu에 ism을 붙여 만든 말로 인도인의 가르침, 인도인의 종교를 의미한다. 힌두교는 이주민인 아리아인의 종교가 인도 토착민의 비아리아적 요소와 융합되어 있다.

힌두교는 창시자가 없는 가운데 힌두교 교리에는 베다, 우파니샤드 등의 아리아계의 요소와 링가의 숭배 등의 인도 토착민의 요소가 융합되어 있다. 따라서 힌두교는 인도 그 자체를 의미한다고 할 수 있다(스가누마 아키라, 1994).

힌두교는 인류사적 관점에서 보면 종교일뿐만 아니라 신화이고 인간의 정신적 세계관의 총체적 개념이라고 정의할 수 있다(정광흠, 2006). 또한 힌두교를 인도의 관점에서 보면 협의적으로는 힌두들이 신봉하는 다양한 종교의 복합체를 의미하고, 광의적으로는 힌두문화로 정의할 수 있다(이은구, 2007). 따라서 힌두교는 인도인의 종교, 사상, 문화를 하나로 아우른 포괄적인 개념으로 이해할 수 있다.

▶▶▷ Check Point | 앙코르 왓트와 힌두교

현재의 캄보디아의 지역에 9세기에 비슈누의 사원인 앙코르 왓트가 건립되었지만 앙코르제국의 왕들은 시바를 신봉하였다(류경희, 2001). 캄보디아 앙코르 왓트에는 다양한 힌두교 사원들이 있는데 다양한 사원만큼 모시는 신도 다양하다.

4. 힌두교의 삼위일체

힌두교는 다신교이지만 다양한 신의 배후에 최고의 삼신(三神)이 있음을 상정하고 있다. 이러한 힌두교의 사상을 삼심관(三神觀, trimutri)이라고 한다(이은구, 2007). 힌두교의 핵심사상은 모든 형태와 속성을 초월하여 우주의 모든 것을 내재하고 있는 근원적인 실재인 브라흐만(Brahman)이 기능적으로 분화하여 우주의 창조 기능을 수행하는 브라마, 우주의 유지와 보전의 기능을 수행하는 비슈누와 우주의 파괴와 재창조의 기능을 수행하는 시바로 삼분화되었다(류경희, 2001).

이처럼 힌두교는 다양한 신이 있지만 세명의 중심 신이 있다. 힌두교에서는 세상을 창조하고, 유지하고, 파괴하는 각각의 신에 의한 삼위일체를 중요하게 생각한다. 힌두교에는 창조의 신인 브라마, 유지 및 보전의 신인 비슈누, 파괴와 재생의 신인 시바의 삼위일체가 있다.

힌두교의 3신

브라마	· 브라마는 우주를 창조한 우주의 창조신임
비슈누	· 비슈누는 우주를 보존자하는 신 · 세상이 타락하고 혼란스러울 때마다 화신의 모습으로 지상에 나타나 인간 세상을 구하고 바로잡음 현재까지 9번의 화신(化身, avatara)이 있었음
시바	· 시바는 우주를 파괴하는 신으로 재창조를 위한 파괴의 신임

자료: 문철우 외(2005)

▶▶▷ Check Point | 힌두교 = 일원론적 사상

대부분의 종교는 우주의 창조주와 창조주가 창조한 피조물을 분리하는 이원론적 종교사상을 확립하고 있지만 힌두교는 우주의 모든 존재의 본질을 신적인 존재와 동일한 존재로 인식하는 일원론적 사상을 갖고 있다(류경희, 2001).

▶▶▷ Check Point | 힌두교 신자들이 갠지스강에서 목욕하는 이유

인도하면 떠올려지는 풍경중에 하나가 갠지스강이고 그 갠지스강에서 목욕하는 인도인들의 모습이 강한 인상으로 남는다.

인도인들은 갠지스강은 브라마신이 세상에 보낸 것이고, 갠지스강은 비슈누 신의 발가락과 시바신의 머리채에서 나왔다고 생각하고 있다(안느 드 에닝, 2007).

인도인들이 갠지스강에서 목욕하는 이유는 무엇일까?

인도인들에게는 갠지스강에 몸을 담그면 모든 악업이 씻겨나간다고 믿고 있다. 힌두교 신자들은 행운을 가져오는 이로운 것을 중요하게 생각한다(베르너 숄츠, 2007). 힌두교신자들은 힌두교 성지인 갠지스강에서 목욕을 하면 지금까지 지은 모든 죄가 갠지스 강물에 씻겨 내려간다고 믿고 있다(Kadokura Takashi, 2007).

5. 힌두교 여신

힌두교도들이 신봉하는 신은 다양하지만 힌두교의 3신과 이들의 배우자인 여신들이 주요 신앙의 대상이 되고 있다. 브라흐마의 부인 사라스와띠, 시바의 부인인 사띠, 비슈누의 부인인 락슈미 등이 있다(류경희, 2001).

▶▶▷ Check Point | 시바 배우자의 다양한 이름

시바 신은 비슈누 신처럼 지상에 많은 화신을 나타내지 않고 그의 활동에 따라 다양한 별명을 갖고 숭배받고 있는데 시바의 배우자인 여신도 다음과 같이 다양한 별명을 가지고 있다. 칼리(Kali), 파르바티(Parvati), 우마(Uma),사띠(Sati), 두르가(Durga)등으로 다양하게 불리고 있다(스가누마 아키라, 1994).

6. 힌두교의 종파

힌두교는 힌두교들이 신봉하는 신에 따라 크게 파괴의 시바신과 관련된 신을 숭배하는 시바파(Shaivism)와 유지의 신인 비슈누와 관련된 신을 숭배하는 비슈누파(Vaishnavism), 힌두교의 여신들을 숭배하는 샥띠파(Shaktism)로 분류할 수 있지만 큰 의미는 없다(류경희, 2001).

제2장 힌두교 문화

1. 힌두교는 카스트제도를 통해 일상에 영향을 미친다.

인도에는 다양한 민족만큼이나 다양한 종교, 다양한 언어가 서로 영향을 미치면서 상호존재하고 있다. 그렇지만 인도인중에 많은 사람들은 힌두교를 믿고 있어 인도의 가장 대표적인 색깔은 힌두교가 내뿜는 색깔이다. 그 색깔은 너무 강력하여 외부 사람들에게 인도하면 힌두교를 떠올리게 한다.

힌두교를 믿는 인도인들은 힌두교가 단지 종교적 차원에서 끝나지 않고 인도인의 일상생활 구석구석에 영향을 미친다. 특히 힌두교는 카스트 제도를 통해 인도인의 생활속에 종교가 아닌 사회제도로서 강력한 영향을 미친다.

2. 힌두교도 = 채식주의자?

힌두교도들은 쇠고기를 먹지 않고 채식주의자들이 많다. 그러나 모든 힌두교도들이 채식주의자는 아니다. 힌두교들은 닭고기를 즐겨 먹고 생선도 자유롭게 먹는다. 동남아의 인도인 집단 거주지역인 리틀인디아의 인도인 레스토랑에서는 다양한 닭고기 요리와 생선요리를 판매하고 있다.

3. 힌두교도들의 꽃 사랑

동남아의 리틀인디아를 방문하면 가장 눈에 띄는 것중에 하나가 형형색색의 꽃들이다. 이러한 꽃들은 매주 금요일에 힌두교 사원에서 개최되는 힌두교 의례에서 사용할 뿐만 아니라 힌두교들의 가정에서 제단에 받치기 위해서 사용된다.

▶▶▷ Check Point | Deepavali

디파발리(Deepavali)는 깜깜한 긴 어둠을 물리친 밝은 빛의 승리와 사악한 모든 악을 물리친 선의 승리를 의미하는 힌두교 축제이다. 동남아에서 디파발리 축제는 일반적으로 10월에 개최된다.

디파발리 축제 기간동안 힌두교도의 가정들은 예쁘고 화려한 각양각색의 빛으로 집을 치장한다. 저자가 싱가포르에서 디파랄리 축제 기간 동안 리틀인디아를 방문했을 때 접했던 다양한 빛의 스펙트럼들은 적도의 무더위를 잊게 해주었다.

▶▶▷ Check Point | 가네샤

가네샤(Ganesha)는 가네슈(Ganesh)와 가나파티(Ganapati)라고도 부르는 신으로 가장 큰 특징은 코끼리 머리 모습을 하고 있는 점이다. 가네샤 신은 힌두교의 3대 신중의 한명인 시바신과 아내 파르바티의 아들로 인간에게 복을 주고 액을 물리쳐 주는 지혜와 번영, 행운의 신이다(Kadokura Takashi,, 2007). 특히 가네샤는 인간을 서로 사랑하게 하며 좋은 성품과 부를 가져다 주는 신이다(스가누마 아키라, 1994).

제5부
카스트제도에 대한 이해

제1장 카스트제도 입문

1. 카스트제도의 변천과정

카스트제도는 인도로 이주해 온 아리안족이 그들이 인도에 유입되기 전에 인도에 거주하고 있던 토착민을 정복하고 통치하는 과정에서 만들어진 신분제도로 인간의 피부 색깔에 의해 사회적 신분을 구분하는 제도였다. 즉, 이주민인 아리안족은 피부가 검은 인도의 토착민에 비해 상대적으로 피부가 흰색이었다(소영일, 2007).

카스트의 계층간의 구분은 세월의 흐름속에 피부색에서 직업으로 변화되었다. 카스트제도는 유럽인종인 아리안족이 인도를 통치하면서 피부색이 하얀 자신들을 지배계층으로 피부색이 검은 토착민들을 피지배층으로 구분하기 위해 만든 신분제도인데 시간이 흘러 인종간에 혼혈이 증가하면서 신분의 구분을 피부색깔에서 직업으로 세분화하였다.

이처럼 카스트제도는 당초 피부색에 의한 신분의 분류에서 직업에 의한 분류로 변한 이후 수 천 년간 인도사회를 직업으로 분류하는 위계질서가 되었다.

2. 카스트제도의 특징

카스트는 여러 가지로 정의할 수 있지만 가장 중요한 것은 인도인들을 자신이 속한 카스트에 따라 직업을 분류한 것이다. 이러한 카스트는 직업을 자손에게 대물림하는 가족간의 직업 공동체의 성격을 갖고 있다(박형기, 2007).

▶▶▷ Check Point | 카스트의 유래와 어원

카스트(Caste)는 인도의 오래된 신분제도인데 카스트라는 말은 인도인들이 직접 만든 용어가 아니다. 인도의 사회를 찬찬히 들여다 본 포르투갈인들이 인도에만 있는 신분제도를 카스트라고 칭하면서 불려지기 시작했다. 카스트(caste)의 어원은 순수한 혈통이라는 의미의 포르투갈어 카스타(casta)에서 유래되었다(소영일, 2007).

3. 힌두교와 바르나제도

이주민인 아리아인은 토착민인 드라비다인을 통치하면서 인도사회를 네 개의 신분으로 구분하는 바르나(Varna)제도를 구축하였다. 힌두교는 이러한 바르나제도를 토대로 성립되었다(Kadokura Takashi, 2007). 힌두교는 종교임과 동시에 사회체제이다. 힌두이즘의 사회구조는 카스트제도이다. 카스트 제도는 카스트의 최상위 계층인 브라만에 의해 만들어졌고 유지되었다(Robert Charles Zehner. 1996).

제2장 카스트제도의 세분화

1. 인도의 카스트제도 = 신분제도

카스트제도(Indian Caste System)는 인도 특유의 신분제도로 인도인이라면 누구나 출생함과 동시에 신분과 소속이 고착화된다. 이러한 카스트제도는 지금도 인도인의 생활속 많은 부분에 남아 있다(KITA, 2016).

2. 카스트의 계층

카스트제도는 일반적으로 4개의 계층(바르나)으로 분류된다. 이러한 신분제도는 리그베다 이후 마누 법전에 명시된 이후 고착화되었다(소영일, 2007) 카스트 제도의 4개 계층은 다음과 같다.

1) 브라만(braman)
브라만은 브라마나(brahmanas)로 불리는 계층으로 사제(priest)와 지식을 전달하는 교육자를 의미한다.

2) 크샤트리아(kshatriya)
크샤트리아(kshatriyas)는 라자냐(Rajanya)로 불리는 왕족계층으로 영토를 지키는 무사와 국가를 운영하는 귀족, 정치관료를 의미한다.

3) 바이샤(vaishya)

바이샤(vaishya)는 아리야(Arya)로 불리는 평민계층으로 농민과 상인, 제조업자를 의미한다.

4) 수드라(shudra)

수드라(shudra)는 노예계급인 노동자와 하인을 의미한다.

▶▶▷ Check Point | 카스트의 계층간 인구는

카스트중에서 브라만, 크샤트리아, 바이샤의 3계층의 인구는 인도 총인구의 약 50~60% 일것으로 추론되고 있다(김도영, 2005).

▶▶▷ Check Point | 리그베다에서 묘사하고 있는 카스트

인도의 신화 리그베다에 의하면

"브라흐마 신(神)의 머리로부터 브라만이 나왔고, 신의 가슴으로부터 크샤트리아가 나왔고, 신의 배로부터 바이샤가 나왔으며, 신의 두 발로부터 수드라가 나왔다." 〈리그베다(RV 10.90)〉 (소영일, 2007).

▶▶▷ Check Point | Veda

베다(Veda)는 보다는 의미를 갖고 있는 라틴어의 비데레(videre)와 동일한 어원을 갖고 있는 것으로 진리는 정신으로 본 것을 의미한다. 베다(Veda)는 신들에 대한 찬가(hymns)와 시등을 말한다. 리그베다는 시고, 사마베다는 노래이다(베르너 숄츠, 2007).

▶▶▷ Check Point | 바이샤와 기업가

바이샤는 브라흐마 신(神)의 배로부터 나왔다는 인도의 신화의 설명처럼 신의 배로부터 나와 음식과 부와 관계되는 비즈니스를 하고 있다. 인도를 대표하는 글로벌 대기업의 대표인 미탈, 암바니, 모디 등은 카스트의 바이샤 출신이다(김도영, 2005).

3. 카스트제도는 4개의 계층만 있는가

바르나 제도는 더욱 세분화되면서 수 천가지의 카스트 제도로 확대 발전했다. 힌두교신자들은 수천가지로 분화된 카스트제도를 우주의 신이 결정한 신성한 제도로 받아들이는 경우가 많다(Kadokura Takashi, 2007).

일반적으로 인도의 카스트제도는 크게 브라만(braman), 크샤트리아(kshatriyas), 바이샤(vaishyas), 수드라(shudras)의 4가지의 계층으로 분류되지만 세부적으로는 2,300개의 계급으로 다시 분류되며 이중에서 100여 계급은 최하위 계층이다(한면희, 2010).

▶▶▷ Check Point | 카스트와 색깔

카스트는 신분제도인데 색깔로 신분을 상징하고 있다. 예를들어 카스트에서 최상위층인 브라만은 흰색을 상징하고, 그 다음 계층인 크샤트리아는 힘, 용기, 정열을 내포하고 있는 빨간색을 상징한다. 상공인 계층인 바이샤는 비즈니스에서 상품의 품질을 의미하는 노란색을 상징한다. 카스트에서 최하위 계층인 수드라는 검은색을 상징한다(김도영, 2005).

4. 불가촉천민

불가촉천민(不可觸賤民; untouchable)은 노동자와 하인인 수드라보다도 더 낮은 최하위에 있는 불결한 일을 하는 사람들이다. 이러한 불가촉 천민은 인구의 25%인 약 3억여명 정도로 파악되고 있다(소영일, 2007).

인도의 카스트 제도

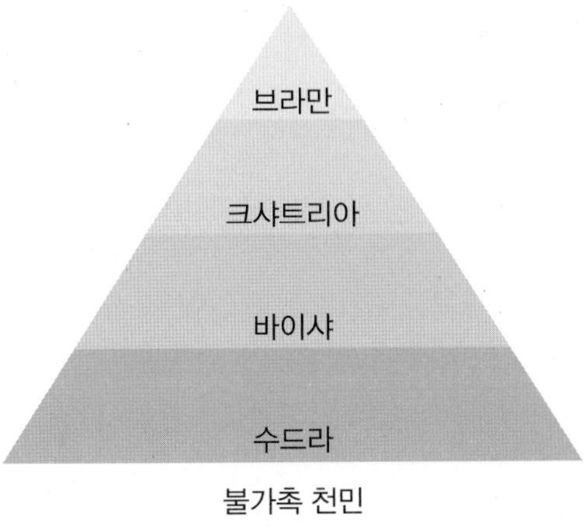

5. 불가촉천민 = 지정카스트

불가촉천민(untouchable)은 카스트제도의 최하층에도 속하지 못하는 천민계층을 말한다. 불가촉천민은 카스트 제도내의 계층에 있는 사람들로부터 차별을 받고 있다. 불가촉천민이라는 용어에는 차별적인 의미가 담겨져 있기 때문에 지정카스트라고 부르고 있다. 이러한 지정카스트에 속한 사람들은 인도전체 인구의 약 17%나 되고 있다(Kadokura Takashi,, 2007)

지정카스트(Scheduled Castes)의 차별을 시정하기 위해 인도정부는 취학, 취업, 선거 등에서 배려정책을 시행하고 있는데 연방 하원의원 의석에 지정카스트를 할당하고 있다(Shimada Takshi, 2002).

▶▶▷ Check Point | Harijan

인도에는 지금도 1억 이상의 하리잔이 있다.

하리잔이란 신의 자식이라는 의미이다.

전근대적인 카스트제도에 의해 고통받고 있는 최하위계층의 아픔을 아는 간디를 비롯한 인도의 개혁층들은 불가촉천민들을 신의 자식이라는 의미의 하리잔(Harijan)으로 칭하고 불가촉천민들도 힌두교 사원에 출입할 수 있게 하는 등 불가촉천민들의 권익보호에 앞장서고 있다(MOFAT, 2017).

6. jati

자띠(jati)는 인도인들이면 누구나 속해있는 카스트중에서 자신이 속해 있는 카스트를 의미한다.(공영수, 2014) 모든 인도인은 특정한 자띠에 속해 있다. 인도인들은 자신이 속한 커뮤니티인 자띠로부터 보호를 받음과 동시에 자신이 속해있는 자띠를 위해 헌신해야 한다(박형기, 2007).

▶▶▷ Check Point | 자띠는 인도에서만 적용되는가

자띠는 개인이 속한 카스트로 개인의 직업선택에 지대한 영향을 미치는데 이러한 자띠는 인도에서만 적용되는가? 일률적으로 말할 수는 없지만 자띠는 자신이 태어난 인도뿐만 아니라 외국에 형성되어 있는 인도사회에서도 적용되는 경우가 많다(공영수, 2014).

실제로 동남아 지역에는 지금도 수 많은 인도인들이 노동자로 파견되어 노동현장, 유통현장에서 일하고 있는 경우가 많은데 이 때 자신이 속한 자띠에 부합하는 일을 하는 경우가 많다.

▶▶▷ Check Point | 자띠 = 종교 + 지역

일반적으로 자띠는 개인이 속한 종교와 지역에 따라 구성되는 경우가 많다. 예를들어 지역에 따른 자띠는 뭄바이의 파르시 상인 등이 있고, 종교에 따른 자띠는 조로아스터교인 파르시 상인 등이 있다.

그런데 자띠는 지역과 종교가 합쳐져 형성되는 경우도 있다. 예를들어 뭄바이의 파르시는 조로아스터 교도들로 구성되어 있어 종교와 지역 모두 합쳐져 있다(공영수, 2014).

파르시는 구자라트어로 페르시아인을 의미한다. 파르시는 조로아스터교(배화교)를 신봉하는 페르시아인들이 종교적 박해를 피해 인도로 이주하여 형성한 상인 커뮤니티이다(스가이 신이치, 2013).

유럽인들이 인도에 경제적 영향을 미치기 전에는 수세기 동안 인도의 비즈니스는 지역과 종교에 토대를 둔 소수의 상인커뮤니티에 의해 전통적인 방법으로 이루어졌다.

영국의 식민통치 후에는 인도지역의 상인커뮤니티에 의한 비즈니스가 영국 기업으로 인해 손해를 보내는 경우가 발생하였다. 인도에 진출한 영국기업은 인도에서 비즈니스를 할 때 인도의 지역 중개상의 도움이 필요하게 되었다(Rajesh Kumar, and Anand Kumar Sethi, 2008). 영국 식민지배 시기에도 인도의 상인 커뮤니티는 새로운 비즈니스 환경에서도 잘 적응하여 독립이후 현재까지도 인도경제에서 중추적인 역할을 하고 있다.

▶▶▷ Check Point | Banya와 Parsi

반야(Banya)는 바이샤 계층의 일부로 사업가를 상징하는 용어로 사용되고 있다. 반야의 기원은 중세에 인도의 구자라트와 라자스탄 지역의 곡물상과 고리대금업을 하던 바닉이라는 상인계층이다. 따라서 반야라는 의미에는 부유한자라는 긍정적인 의미와 구두쇠라는 부정적인 의미도 동시에 내포되어 있다.

파르시(parsi)는 조로아스터교를 신봉하는 페르시아인의 후예들로 조로아스터교는 창시자가 짜라투스트라이다. 짜라투스트라는 페르시아어로 이를 그리스어로 번역하면 조로아스터이다. 페르시아는 현재의 이란지역으로 파르시는 인도의 이주지역인 구자라티 언어를 사용하지만 피부는 인도인들에 비해 하얗다. 파르시는 인도의 유대인이라고 일컬어 질 만큼 비즈니스에 탁월한 능력을 갖고 있다. 파르시는 조장(鳥葬)의 장례문화를 갖고 있다(김도영, 2005).

7. 카스트제도는 지금도 인도사회에서 적용되고 있는가

인도정부는 1950년 헌법으로 카스트 제도로 인한 차별을 금지하고 있다. 그러나 헌법에 카스트 제도의 폐지가 명문화 되어 있지는 않다(Kadokura Takashi, 2007). 이처럼 인도정부는 카스트제도의 전근대적인 폐해를 막기위해 1950년 헌법에 카스트 제도의 차별을 금지하고 있다. 인도에서 법적으로 카스트제도는 사라졌지만, 사회적으로는 여전히 존재하고 있다. 지금도 신과 관련되고 다른 사람을 지도하는 종교인, 교수, 정치인들중에는 브라만계급이 많고 국가의 안전을 책임지는 군장교들은 크샤트리아가 많다(김도영, 2013).

인도정부는 이러한 사회적 현상을 시정하기 위해 입학시 학생선발과 공무원 채용 등에서 낮은 신분의 계층을 일정부분 의무 채용하는 등 카스트제도로 인한 신분차별과 이로인한 사회적 문제를 시정하려고 노력하고 있다.

▶▶▷ Check Point | 카스트제도와 남성우월주의

힌두교 신자들은 힌두교가 우주의 질서를 구현하고 있다고 믿고 있어 인간이 어떤 환경에 태어나는 것을 우주의 질서의 한 부분으로 수용하고 있다. 따라서 특정 카스트에 태어나는 것을 그만한 까닭이 있다고 받아들이고 있다(베르너 숄츠, 2007). 이처럼 인도인들은 카스트를 본질적인 것이라고 받아들이고 있고, 일반적으로 남성 우월주의가 상존하고 있다(Terri Morrison. 1994).

▶▶▷ Check Point | 인도에서 힌두교들이 무슬림으로 개종하는 이유

인도인들의 약 80%정도는 힌두교신자들인데 이들중에 일부가 카스트제도로 인한 차별을 피하기 위해 이슬람교로 개종하는 경우가 증가하고 있다.

제6부
인도경제에 대한 이해

제1장 인도경제 입문

1. 인도의 경제력

인도는 1인당 GDP가 2,000 달러 미만으로 국민소득이 낮지만 GDP는 약 2조 달러로 세계 10위권이고 교역규모는 약 9,700억 달러로 전 세계 교역량의 2%를 점유하고 있다(이웅외, 2014).

표에서 보듯이 인도의 경제력은 1500년대 세계경제의 약 25%를 점유하였으나 1950년대 약 4%까지 추락하였다가 2000년대 5.4%까지 향상되었다. 인도의 GDP 순위도 PPP기준으로 미국, 중국, 일본 다음을 차지하고 있다. 인도경제의 2025년까지 중장기 전망도 5%의 견실한 성장을 할 것으로 전망되고 있다.

주요 국가들의 세계 경제 비중 변화 추이

(단위: 십만명, %)

	1500	1700	1820	1913	1950	1973	2001
미국	0.3	0.1	1.8	18.9	27.3	22.1	21.4
서유럽	17.8	21.9	23.0	33.0	26.2	25.6	20.3
일본	3.1	4.1	3.0	2.6	3.0	7.8	7.1
중국	24.9	22.3	32.9	8.8	4.5	4.6	12.3
인도	24.4	24.4	16.0	7.5	4.2	3.1	5.4

자료: OECD, 오승구(2005)

주요 경제권의 실질 GDP 성장률 전망

(단위: %)

	세계	미국	중국	인도	브라질
2011~2020	3.0	3.0	6.05	5.3	3.45
2021~2025	2.9	2.9	5.9	5.0	3.3

자료: Global Insight, 오승구(2005)

▶▶▷ Check Point | Joint Family System

전통적으로 인도의 비즈니스는 패밀리 비즈니스이다. 따라서 과거에 남성들이 해외무역 등의 장기간의 장거리 행상에 나서면 집에는 여성과 노약자들만이 남는 경우가 많아 자신의 가족을 보호할 수 없는 경우가 발생할 수 있어 인도에서는 가까운 친척들끼리 모여 사는 Joint Family System을 구축하는 경우가 많다(박형기, 2007).

▶▶▷ Check Point | 인도의 화폐는 무엇인가

인도의 화폐는 루피(Rupee: Rs)이다. 인도는 영국식민지배를 받았지만 독립이후 자체 화폐인 루피를 사용하고 있다. 인도의 화폐는 여섯가지 지폐와 네가지 동전으로 구성되어 있다.

2. 인도경제는 서비스업이 차지하는 비중이 높은가?

정답은 Yes이다.

인도 경제의 가장 큰 특징중에 하나가 개도국임에도 불구하고 산업구조에서 서비스업이 차지하는 비중이 높다는 점이다. 2015년 기준으로 인도의 산업구조에서 서비스업이 차지하는 비중은 45%로 제조업의 30%보다 높다.

GDP 대비 인도의 산업구조 비교(1980년 가격 기준)

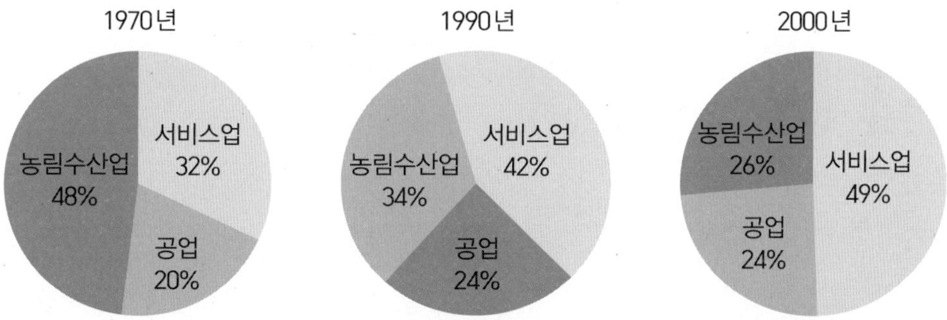

자료: Government of India, Economic Survey, Government of India Press, 문철우 외(2005)

3. 3차산업이 경제성장을 주도, 인구의 60%는 1차산업에 종사

인도경제는 BPO산업, 영세한 서비스업 등이 인도경제의 성장을 주도하고 있다. 2차 산업의 경제 성장 기여도는 2014년 GDP의 약 25%로 매우 취약하다. 또한 인도에서 1차 산업은 매우 중요한데 인도인구의 약 60%가 1차산업에 종사하고 있다. 그런데 1차산업 GDP 기여도는 2014년 기준으로 약 18.%에 머무르고 있다. 특히 인도농업의 경우 몬순기후에 따라 농업 생산량의 차이가 커 인도의 물가상승에 지대한 영향을 미치고 있다(KOTRA, 2015).

4. 전근대적인 인도농업

인도는 산업구조에서 농업의 비중이 높고 인도 전체 취업인구 약 60%가 농업에 종사하고 있다. 그런데 농민의 약 80%가 영세성을 면치못하고 있어 농업기술력이 미흡하고 이에따라 농업생산성이 매우 낮다. 특히 몬순에 따라 강우량이 농업생산에 지대한 영향을 미치고 있다. 특히 6월부터 9월에 걸쳐 부는 남서풍 시기에 강우량에 따라 인도의 농업 생산량이 큰 영향을 받고 있다(Kadokura Takashi, 2007).

GDP에서 차지하는 농업의 비율 GDP (2004)

(단위: %)

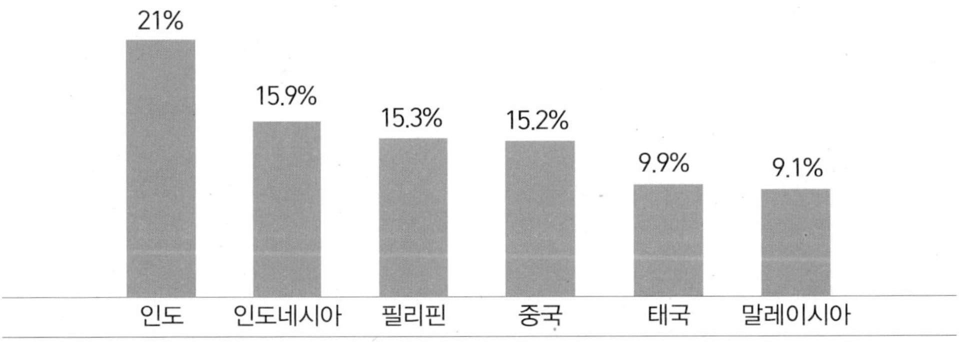

자료: KIEP(2006)

▶▶▷ Check Point | 지역간 도농간 경제적 격차

인도의 경제개발 정책은 인도의 주력산업인 IT산업과 제조업이 밀집되어 있는 인도의 서부지역과 남부지역이 인도의 북부지역과 동부지역보다 경제성장이 가속화되어 있어 지역간 경제력 격차가 발생하고 있다. 또한 인도의 경제개발 정책은 주로 도시 지역을 중심으로 시행되고 있어 도농간에도 경제력 격차가 발생하고 있다(KOTRA, 2015).

▶▶▷ Check Point | 자이나교도는 농업에 종사하지 않는다

자이나교는 정복자라는 의미를 갖고 있는 지나에서 유래되었다. 자이나교를 신봉하는 자이나교도인 자인(Jain)은 아무리 작은 미생물이라도 보호할려고 물을 마실 때에도 천으로 걸러서 보호하고 있다. 이러한 자이나교의 교리에 의해 자인들은 농업에 종사하지 않고 직물류 등의 상업에 종사하여 성공을 한 경우가 많다(김도영, 2005).

5. 인도는 자원부국인가?

정답은 Yes이다

인도는 경제발전의 토대가 되는 석유, 천연가스, 철강석뿐만 아니라 다이아몬드와 같은 보석류도 부존자원으로 갖고 있다. 인도의 수출에서는 이러한 인도 부존자원이 차지하는 비중이 높다.

인도의 부존자원과 주요수출입품

주요수출품	석유제품, 보석류, 자동차, 기계류, 철강, 화학제품, 의약품, 곡류, 의류
주요수입품	원유, 보석류, 기계류, 화학제품, 비료, 플라스틱, 철강
주요부존자원	석탄, 철광석, 망간, 운모, 보크사이트, 희토류, 천연가스, 다이아몬드, 석유

자료: KIEP(2016)

인도의 에너지 자원 현황

	확인 매장량	세계 비중(%)
석유	54(억 배럴)	0.5
가스	7,600(억㎥)	0.5
석탄	84,396(백만 톤)	8.6

자료: 한국수출입은행, 박번순(2005)

제2장 인도의 대외무역

1. 인도의 시장개방과 교역량 증가

인도의 시장개방은 2000년 이후 확대되었다. 1990년까지만 해도 인도는 BRICS 국가중에서 시장 개방도가 가장 낮았는데, 인도는 자국의 시장개방을 확대하여 2012년에는 인도의 시장 개방도가 60%까지 높아지면서 인도는 BRICS 국가들중에서 시장 개방도가 높은 국가가 되었다.

이러한 인도의 적극적인 개방정책으로 인해 인도의 교역량은 2004년에 전 세계 총교량의 1%미만이었으나 2013년 전 세계의 총교역량의 2%로 급증하였다. 중국의 교역량은 전 세계 총 교역량의 11%를 점유하고 있다(KOTRA, 2016).

BRICs 각국의 개방 정도 평가

(단위: %)

지표	단위	브라질	러시아	인도	중국
FDI 신뢰도지수	AT.K 지수	0.9	1.0	1.4	2.0
	상대비교	0.4	0.5	0.7	1.0
경제 자유도	Heritage 지수	1.8	1.4	1.5	1.5
	상대비교	1.1	0.9	1.0	1.0

자료: 오승구외(2005)

2. 취약한 제조업으로 인해 부가가치가 낮은 제품수출

인도의 핵심 수입 품목은 금·은 등의 보석류와 원유이며 인도의 핵심 수출품목은 이러한 원료를 가공한 보석과 석유제품, 농수산물 등으로 부가가치가 높지 않다. 이와같이 인도 수출품의 부가가치가 높지 않은 이유는 인도의 제조업의 경쟁력이 약하기 때문이다.

인도의 산업구조에서 제조업이 차지하는 비중은 20% 정도이다. 또한 부가가치를 기준으로 보면 인도의 서비스업은 60% 이상이나 제조업은 15%정도에 불과하다. 이처럼 미약한 제조업의 경쟁력은 인도의 만성적인 무역수지 적자를 지속적으로 유발하고 있다(KIEP, 2016).

인도 경제에서 각 산업의 비중 변화(2011)

(단위: %)

산업	생산액 비중	부가가치 비중
1차 산업	12.1	19.1
2차 산업	34.8	14.6
3차 산업	53.1	66.4

자료: World Input-Output Table, 이순철 외(2015)

3. 인도의 경상수지의 특징

표에서 보듯이 인도의 경상수지의 특징은 상품수지에서 수입보다 수출이 적어 상품수지는 적자이나 서비스 수지는 흑자를 보이고 있다.

인도의 경상수지

(단위: 억 달러)

	2000 / 2001	2004 / 2005
수출	446	792
수입	505	1,071
무역수지	-59	-279
경상수지	-26	-64

자료: Government of India, Economic Survey, Ministry of Finance. 박번순(2005)

인도의 경상수지(2013-2016)

경제지표	단위	2013	2014	2015	2016
경상수지	억 달러	-323	-268	-221	-320
상품수지	억 달러	-1,626	-1,440	-1,369	-1,333
서비스수지	〃	704	761	736	697

자료: KIEP(2016)

4. 무역수지 적자 확대로 외채증가

인도는 시장개방에 따른 교역량의 확대로 무역수지 적자가 확대되고 있다 인도는 이처럼 무역수지 적자 규모가 확대되어 외채가 증가되고 있다.

인도의 외채현황

경제지표	단위	2013	2014	2015	2016
총외채잔액	억 달러	4,460	4,752	5,037	5,377

자료: KIEP(2016)

제3장 인도경제의 다양성

1. 인도는 폐쇄적인 국가인가?

정답은 NO 이다

인도는 다자적인 국제기구인 UN, IMF, WTO등 뿐만 아니라 APEC, IBRD, ADB, SAARC 등의 지역적인 국제기구에서도 활발히 활동하고 있다. 특히 자국 시장을 개방하고 관련제도 등을 선진화하여 외국인 투자도 증가하고 있다.

각 국의 FDI 신뢰지수(2005)

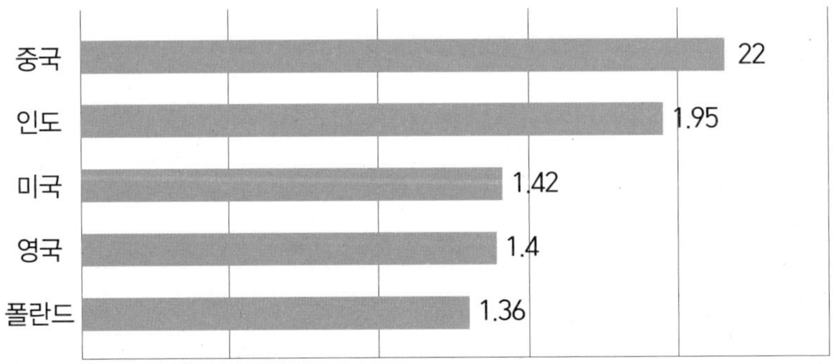

자료: FDI Confidence Index. 김윤희(2006)

2. 인도는 가난을 벗어났는가?

정답은 NO 이다

최근들어 인도경제는 순항을 하고 있지만 전반적으로 인도경제는 아직 가난을 벗어나지는 못했다. 인도의 GDP는 약 2조달러로 세계 10위권이다. 그러나 2016년 기준으로 인도의 1인당 GDP는 아직 2,000 달러를 넘지 못하고 있고 절대빈곤계층 비율도 20% 이상이다. 이러한 절대빈곤층이 해소되지 않아 교육여건도 열악한 수준에 있고 계층간의 소득격차도 커지고 있다. 인도에서는 아직도 절대적 빈곤을 벗어나지 못한 빈곤층의 문맹률이 높아 선거에서 글을 읽을 줄 모르는 사람들을 위해 각 정당의 심벌마크의 구분을 통한 선거를 하고 있다(Shimada Takshi, 2002). 또한 인도의 소매업의 90%는 소규모 영세가족에 의해 운영되고 있다(Kadokura Takashi, 2007).

인도의 주요 사회지표

평균수명	68세('14)	1인당 GNI	1,590달러('15)
절대빈곤계층비율	22%('11)	식수접근율	94%('15)

자료: KIEP(2016)

인도의 산업별·교육수준별고용현황

산업	초등교육 이상 취업자 비중	중등교육 이상 취업자 비중
농림어업	44.5	13.9
광업	50.1	22.1
제조업	62.8	24.8
서비스업	77.8	47.8

자료: Ministry of Finance, India, Economic Survey, 조충제 외(2015)

▶▶▷ Check Point | 카스트 제도와 소비

인도사회에서 여전히 존재하고 있는 신분제도인 카스트제도는 카스트의 상층계층과 카스트의 하층계층과 불가촉천민들의 소득격차의 본질적인 문제를 해결하지 못해 소비 확대를 저해하고 있어 인도의 내수시장의 활성화의 걸림돌로 작용하고 있다(Kadokura Takashi, 2007)

인도 소비계층 현황

구분	연간 실질가구소득	가구 수
세계화된 인도	1만 달러 이상	100만(0.6%)
상승화된 인도	4,000~1만 달러	4,000만(21%)
고통받는 인도	1,500~4,000달러	1억 1,000만(57.5%)
궁핍한 인도	1,500달러 이하	4.000만(21%)

자료: Mckisey, 김득갑외 (2005)

3. 인도에는 대기업이 있는가?

정답은 Yes이다

인도에는 타타와 비를라와 같은 세계적인 대기업이 있다.

인도경제에서 GDP의 60~70%는 대기업에서 만들어 지는것으로 추론되고 있다 인도의 대기업은 뭄바이와 콜카타의 두도시에서 형성된 상인커뮤니티에서 출발하였다. 뭄바이에서 형성된 상인 커뮤니티는 파르시(Parsi)와 구자라티(Gujarati)이고 콜카타에 형성된 상인커뮤니티가 마르와리(Marwari)이다.

상인커뮤니티는 지역, 인종, 종교 등을 토대로 형성되어 상업활동을 한다. 인도의 상인들은 이러한 상인커뮤니티에서 상업 초심자에게 상업기술을 전수해주고 사업 자금도 지원해주면서 상업네트워크를 구축하였다. 파르시의 상인커뮤니티에 기원을 두고 있는 대기업은 타타 그룹, 와디아 그룹, 고드레지 그룹 등이 있다. 구자라티 상인커뮤니티에 기원을 두고 있는 인도의 대기업에는 릴라이언스 그룹, 마파트랄 그룹, 릴바이 그룹, 월찬드 그룹 등이 있다(스가이 신이치, 2013).

말와리(Malwari) 상인커뮤니티는 라자스탄을 본거지로 하여 직물류 사업에 종사하는 상인계층이다. 말와리 출신의 인도 CEO는 미탈, 암바니, 비를라 등으로 이들의 종교는 힌두교와 자이나교뿐이다(김도영, 2005). 인도의 대기업은 이러한 상인커뮤니티에서 발전된 결과물이다.

포춘 선정 500대 글로벌 기업에 포함된 인도 기업(2011)

기업명	500대 기업 순위
인디언오일	98
릴라이언스 인터스트리즈	134
바랏 퍼트롤리엄(BP)	272
스테이트뱅크 오브 인디아(State Bank of India)	292
힌두스탄 프트롤리엄(HP)	336
타타자동차	359
ONGC(Oil & Natural Gas)	361
타타스틸	370

자료: 삼성경제연구소(2012)

많은 사람들이 인도하면 가난을 먼저 떠올린다. 그리고 또 어떤 사람들은 미국 실리콘 벨리에서 적극적으로 활동하고 있는 인도의 IT 전문인력을 떠올린다. 가난과 IT를 한 바구니에 담기가 쉽지 않지만 이러한 부조화가 인도의 무한한 경쟁력을 말하고 있는지 모르겠다.

그러나 인도의 신비로운 부조화는 여기에서 끝나지 않는다. 인도는 가난과 어울리지 않는 글로벌 IT 전문인력에서 놀라움이 끝나는 것이 아니다. 표에서 보듯이 포춘지 선정 세계 500대 기업에 인도기업이 다수 포진하고 있는 경이로움이 다시 한번 인도의 다양함과 저력을 느끼게 해준다. 특히 인도의 대표 기업인 타타 그룹은 국내외 상황에 시의적절하게 사업다각화를 추진하면서 성장을 지속하고 있다.

타타그룹의 경영다각화 전략

연도	신규진출산업	연도	신규진출산업
1874	섬유	1952	화장품
1902	호텔	1954	에어컨
1907	제철	1958	제약
1910	전력	1962	차와 커피
1912	시멘트	1968	소프트웨어와 IT
1917	비누와 식용유	1984	시계
1931	종이와 인쇄	1994	자동차부품
1932	항공	1996	통신
1939	화학품	1998	승용차
1940	소비재 전자제품	1999	소매업
1945	화차 및 상업용 자동차	2001	보험

자료: Ram Kumar Kakani and Tejas Joshi(2006), 이한상(2011)

제4장 IT경제와 발리우드 경제

1. 인도가 IT 강대국인 된 성공 스토리

인도의 IT인력은 전 세계적으로 큰 인기를 얻고 있다. 인도의 IT인력은 1990년대 초부터 미국의 실리콘 벨리(Silicon Valley)에 본격적으로 진출하였는데 실리콘 벨리의 IT인력의 약 20%가 인도인 IT인력으로 구성되어 있어 미국 실리콘 벨리에서 인도인 IT인력은 한축을 구성하고 있다.

이러한 인도의 IT인력에 대한 수요는 미국뿐만 아니라 유럽국가들과 일본에서도 증가하여 수 만명의 인도인 IT인력이 자국에서 일하는 것을 원하고 있다. 인도에서는 2000개의 IT 관련 대학에서 매년 10만 명이상의 IT 인력이 양성되어 미국을 포함한 IT 선진국들로 진출하고 있다. 또한 표에서 보듯이 인도의 수출에서 IT 관련 수출도 지속적으로 증가하고 있다.

인도의 IT 강국의 비결

인도의 IT 강국의 비결
탁월한 영어 구사력
미국과의 시차
저임금
체계적인 IT교육
인도정부의 IT 지원
탄탄한 기초과학
이공계 우대
다문화사회

IT 강대국
▸인도의 소프트웨어 수출액 급증
▸인도의 소프트웨어 산업은 선진국 수준
▸인도의 IT 삼각지대인 벵갈로르·하이드라바드·첸나이에는 글로벌 IT기업들이 대거 입주해 있음
▸인도의 소프트웨어 수출은 인도 총수출품 중 1위를 점유하고 있음
▸인도경제에서 소프트웨어가 점유하는 비율은 약 4%임
▸세계 아웃소싱 서비스의 65%를 점유하고 있음

자료: 문철우 외(2005)

인도의 IT소프트웨어 수출

(단위: 억 달러)

	2000 / 2001	2004 / 2005
IT 소프트웨어	62	179

자료: Government of India, Economic Survey, Ministry of Finance. 박번순(2005)

▶▶▷ Check Point | 인도 IT 전문인력의 인기비결

인도의 IT인력이 전 세계적으로 인기가 있는 이유는 무엇보다도 인도의 2000개의 IT 관련 대학에서 양성된 인도의 IT인력의 실력이 우수하고 또한 인건비가 미국 실리콘 벨리의 경우 미국인 IT인력에 비해 약 30% 정도 낮고 인도인 IT인력은 영어가 능통하여 커뮤니케이션이 탁월하다는 점이다. 표에서 보듯이 브릭스 국가 내에서 인도는 숙련노동자, 고급엔지니어, 국제화 수준, 교육제도의 질에서 모두 높은 평가를 받고 있다.

BRICs 각국의 인적 자원 상대평가

지표	단위	브라질	러시아	인도	중국
숙련노동자	IMD 지수	5.34	6.45	5.34	4.30
	상대비교	1.21	1.50	1.24	1.00
고급 엔지니어	IMD 지수	6.34	6.46	8.64	4
	상대비교	1.59	1.62	2.16	1.00
국제화 수준	토플 점수	227.0	231.0	246.0	214.0
	상대비교	1.06	1.08	1.15	1.0
교육제도의 질	WEF지수	2.6	3.6	4.1	3.2
	상대비교	0.81	1.13	1.28	1

주: 수치가 높을수록 인적 자원 잠재력이 큼을 나타냄

자료: 오승구외(2005)

▶▶▷ Check Point | 인도인의 탁월한 수리능력 = 종교사상 = 비즈니스 수단

인도에서는 수학과 전자수학의 토대가 되고 있는 0과 십진법이 처음으로 고안되었다. 이러한 인도의 수학적 탐구는 인도의 힌두사상에서 발전되었을 가능성이 높다. 힌두사상은 이세상은 무(無)에서 창조되었다고 간주하고 있고 우리가 사는 세상을 무(無)라고 생각하였다(Suda Arna Rohra, 2010).

0의 개념은 이러한 힌두사상의 무개념에서 오지 않았을까?

인도에서 탁월한 IT인력이 지속적으로 양성될 수 있는 이유중에 하나는 인도인들의 탁월한 수리능력도 한 몫을 하고 있다. 인도는 고대에 0의 개념을 자체적으로 정립하였다. 이러한 인도인들이 정립한 0의 개념은 서구사회에 전달되어 서양의 수학발전에 큰 기여를 하였다.

인도에서 수학이 발전된 이유중에 하나는 무역과 사회에서 발생된 복잡한 문제를 해결하기 위해서 였다. 인도에서는 무역거래에서 발생되는 환율, 금의 순도계산을 위해 수학이 필요했고, 경제생활에 따른 세금, 이자율의 정확한 계산을 위해 수학이 필요하였다(Rajesh Kumar, and Anand Kumar Sethi, 2008).

2. 인도는 IT 강국이 되기 위해 어떤 노력을 하고 있는가?

표에서 보듯이 인도정부는 IT산업의 체계적인 발전의 토대를 마련하기 위해 개혁개방정책을 지속적으로 추진하고 있고 IT산업이 안정적으로 발전할 수 있도록 소프트웨어의 지적재산권 보호를 법적으로 강화하는 등 IT산업 관련 법과 제도를 정비하였다.

또한 인도정부는 인도 IT산업에 대한 글로벌 기업들의 투자를 확대하기 위해 인센티브의 확대 등의 세제혜택과 대폭적인 규제완화를 통해 외국인 투자를 적극적으로 유치하고 있다

그리고 인도정부는 표에서 보듯이 IT 강국이 되기 위해 100개 도시를 스마트 시티화하는 사업에 약 10억 달러 이상을 투자할 계획을 갖고 150억 달러를 IoT 관련 산업에 집중투자할 계획이다. 특히 인도의 미래를 책임질 대학교육에 IoT 관련 커리큘럼을 적극 도입하고 있는 점은 한국의 대학교육에 많은 점을 시사하고 있다.

인도정부의 IT 산업정책

구분	주요내용
개혁·개방 정책	· 인도정부는 1990년대 초부터 경제개방 정책을 실시하여 외국인 투자 유치를 확대하고 있음
법과 제도의 정비	· 인도정부는 저작권 법을 강화하여 불법 소프트웨어 유통을 단속
세제 혜택 부여	· 인도정부는 IT산업을 육성하기 위해 소프트웨어 수입에 대한 관세를 폐지함
규제 완화를 통한 외국인 투자 촉진	· 인도정부는 소프트웨어 분야에 대한 외국인 투자를 확대하기 위해 외국인 투자 지분 51%까지는 자동인가

자료: KIEP(2005), 박번순(2006)

인도의 대표적인 IoT 관련 시책

- 인도정부는 100개 도시를 스마트 시티화할 계획임
- 2020년까지 150억 달러의 IoT 관련 산업 육성
- 대학 교육에 IoT 관련 커리큘럼을 도입할 계획임

자료: 하원규외(2016)

3. 발리우드의 경쟁력은 어디에서 나오는가?

인도에서는 매년 1,000편 이상의 인도영화가 제작되고 인도에는 1만 2천개 이상의 영화관이 있다(김도영, 2005). 인도인의 인도 영화사랑은 대단하다. 이러한 인도인의 인도영화 선호로 인해 표에서 보듯이 인도에서 인도영화의 성장률은 해외영화의 성장률을 크게 앞서고 있다. 이러한 발리우드의 경쟁력은 기본적으로 인도인들의 자국 영화에 대한 열렬한 지지와 선호가 토대가 되고 있지만 표에서 보듯이 인도정부의 인도영화를 육성하기 위한 다각적인 정책도 한 몫을 하고 있다

인도정부는 인도영화산업의 품격을 향상시키기 위해 인도영화의 유산을 국가차원에서 보전할 방안을 마련중에 있고, 인도영화의 저변확대를 위해 영화관 설립 절차를 간소화해주고 인도영화의 지적재산권 보호를 강화하는 등 인도영화산업의 발전을 위한 다양한 정책을 추진하고 있다.

인도 영화산업 연평균 성장률(2008-2013)

(단위: %)

인도영화	8	해외영화	5

자료: KPMG(2014), 최윤정 외(2014)

인도 경제개발 12차계획중 영화 분야 목표

1. 인도의 영화 유산의 보존을 위한 계획
2. 영화관의 설립에 절차 간소화
3. 인도의 영화시장, 영화 축제로의 국제적 위상을 개선
4. 불법 복제 방지
5. 국립 영화 문화유산

자료: Planning Commission(2013), 최윤정 외(2014)

제7부
인교에 대한 이해

제1장 인교(印僑) 그들은 누구인가

1. 인교에 대한 이해

인교는 해외거주하고 있는 인도인으로 인도정부는 재외인도인인 인교를 인도국적을 가진 인도인과 현지국적을 가진 인도인으로 구분하고 있다.

> 인교들은 인도 국적을 보유한 경우와
> 현지의 국적을 보유한 경우로 나눌 수 있다

인도 정부는 해외에 거주하고 있는 인도들중에 인도국적을 갖고 있는 인도인을 NRI(Non Resident Indians)라고 칭하고 해외 현지 국적을 갖고 있는 인도인과 그 후손을 PIO(People of Indean Origin)라고 칭하고 있다(가도쿠라 다카시, 2007).

2. NRI

NRI는 해외에 거주하면서도 여전히 인도국적을 갖고 있는 비거주인도인(NRI: Non Resident Indian)을 의미한다.

3. PIO

PIO는 해외에 거주하면서 인도국적을 상실한 인도계 사람(PIO: Persons of Indians Origin)을 의미한다.

▶▶▷ Check Point | NRI 〉 PIO

재외인도인은 대략 3,000만명으로 추정되고 있는데 이중에서 약 ⅓이 NRI로 분류되고 있다(박형기, 2007).

▶▶▷ Check Point | 인교는 어느지역에 가장 많이 거주하고 있는가

인교는 세계 어딜 가나 거주하고 있다고 해도 과언은 아니지만, 아시아 중동지역에 약 55%가 거주하고 있다(박형기, 2007).

인교의 대륙별 통계

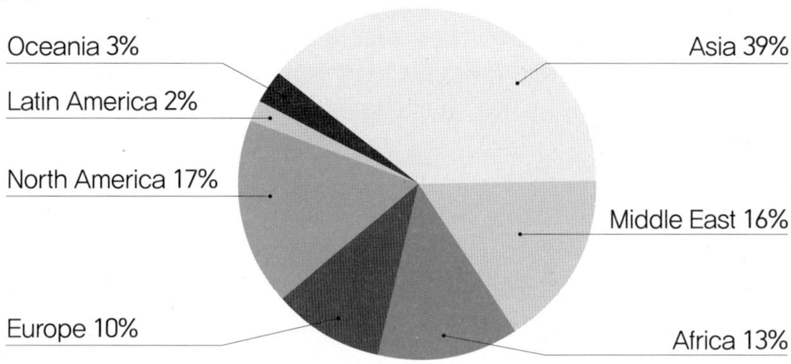

자료: 박형기(2007)

인교의 대륙별 통계

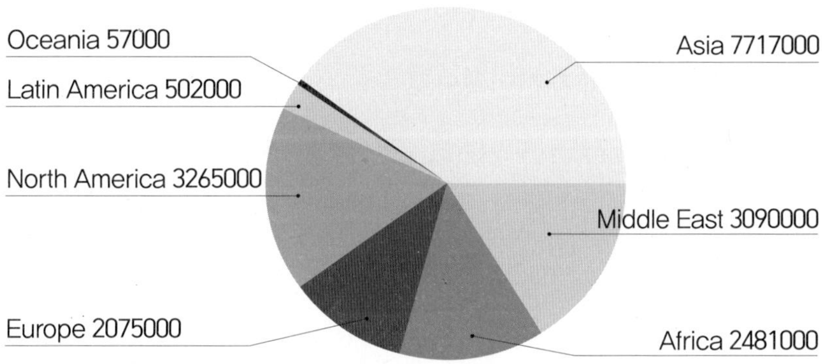

자료: 고홍근(2006)

제2장 인도인들은 왜 조국을 떠났나

1. 상인과 종교인으로

인도인들이 언제부터 조국을 떠나 해외에 거주하기 시작했는지는 정확하지 않다. 인도인들이 기원전부터 해외로 나가기 시작한 것은 동남아와 중국과 해상무역을 하기 위해서 였다.

인도인들이 동남아지역과 해상무역을 증대하면서 인도에서 발생된 힌두교, 불교 등의 종교와 인도문화가 동남아 곳곳에 촘촘히 스며들기 시작했다. 지금도 동남아 어디를 가나 인도문화를 직간접적으로 느낄 수 있다. 불교문화권인 인도차이나 반도국가들과 이슬람문화권인 인도네시아 등의 도서부 동남아에서도 인도문화는 역사적으로 뿐만 아니라 현재진형형으로 숨쉬고 있다.

2. 식민지 정책에 의해 노동자로

주지하다시피 인도하면 떠오르는 것중에 하나가 영국의 식민통치이다. 이러한 영국의 식민통치는 인도인들의 해외이주에도 지대한 영향을 미쳤다. 영국은 1843년 노예제를 폐지한 이후 동남아의 식민지였던 말레이시아, 싱가포르, 브루나이, 미얀마의 식민지 개발과 플랜테이션에 필요한 노동인력의 상당부분을 인도인에 의해 채웠다. 이러한 영국의 식민정책에 의해 대규모의 인도인들이 조국을 떠나 동남아 등으로 노동인력으로 이주하였다.

3. 식민종주국 등의 재건인력으로

제2차 세계대전이 끝나고 지구촌은 미국을 제외하고 전승국과 패전국 모두 잿더미가 되었다. 제국주의 시대 식민지 개발에 필요한 노동인력으로 동남아 등지로 이주하였던 인도인들은 제2차 대전이 끝나고 나서는 영국 등의 유럽국가들의 전쟁으로 파괴된 사회 인프라 구축 등에 필요한 인력으로 유럽 등으로 이주하였다.

4. IT 전문인력으로

최근 들어서는 인도인들인이 미국의 실리콘 밸리 등에 IT 전문인력으로 이주하여 전문인력으로서 큰 역할을 하고 있다. IT와 벤처창업의 글로벌 메카인 미국의 실리콘벨리의 IT 전문인력의 약 40% 정도가 인도에서 미국으로 이주한 인도인들이다.

▶▶▷ Check Point | 노동 디아스포라(labour diaspora)

인도인들의 해외이주는 전반적으로 노동 디아스포라(labour diaspora)로 정의할 수 있다. 단지 노동의 성격이 시대별로 단순히 식민지개발에 필요한 단순노동에서 식민종주국의 도시재건 인력으로, 최근에는 IT 전문인력으로 노동의 질이 고도화되고 있다.

▶▶▷ Check Point | 동남아에서 인도인이 집단거주하고 있는 국가는

인도인들의 동남아 이주의 역사가 긴 만큼 동남아 어디를 가나 인도인들을 만날 수 있지만. 영국의 식민지였던 말레이시아, 싱가포르, 미얀마 등에 인도인들의 집단거주가 형성되었다.

5. 노동계약제 = 노동자와 고용주의 관계 = 중세 봉건시대의 주인과 하인의 관계

영국의 식민지배하에서 인도인의 해외이주는 주로 노동계약에 의해 이루어졌는데 해외로 이주한 인도인들은 노예의 신분은 아니었으나 중세봉건시대 주인과 하인처럼 엄격한 체제가 유지되었다.

영국의 해외식민지에서 노동자를 구했던 영국인 고용주들은 필요한 노동자를 모집업체를 통해 노동자를 모집하였는데 일반적으로 노동자들이 식민지까지 오는 운임 등을 미리 지불하고 노동계약을 체결하였다. 이러한 노동계약에 의해 인도인 노동자들은 식민지 현지에서 노동계약이 끝날 때까지 고용주와 노동현장을 벗어날 수 없었다.

▶▶▷ Check Point | 캉카니

캉카니는 인도남부에서 주로 사용하고 있는 타밀어로 집단의 최고책임자를 의미한다. 영국식민지에서는 고용주가 인도에서 노동자를 모집할 때 자신이 고용하고 있는 인도인 노동자중에서 책임자급을 통해 인도에서 노동인력을 수급하고, 이들을 통해 인도인 노동자들을 간접적으로 관리하였다. 캉카니는 이러한 인도인 노동자중에서 인도인 노동자를 모집하고 관리하는 책임자급의 노동자를 의미한다(김경학외, 2005).

▶▶▷ Check Point | 식민지시대 인도인들은 노동자로만 해외에 이주하였나?

정답은 NO 이다.

식민지 시대 인도에서 동남아 등의 해외식민지로 이주하는 인도인들은 대부분 노동자였지만, 노동자의 신분이 아닌 상인 등의 비즈니스 목적으로 인도에서 식민지로 이주하는 인도인들도 많았다. 이들은 처음에는 주로 해외식민지로 이주한 노동자들이 필요한 생필품 등을 판매하는 장사가 목적이었으나, 점차 사업의 범위를 넓혀 갔다.

제3장 인교의 특징은 무엇인가

1. 인교 = 인도언어와 인도종교의 수호 = 인도인의 정체성 유지 발전

세계화 시대, 융복합의 시대에 정체성을 오롯히 지키는 것이 쉽지 않다. 어쩌면 우리는 지금 정체성의 혼란의 시대에 살고 있는지 모르겠다. 국내에 살면서도 정체성을 지키며 살기는 쉽지가 않은데 식민지 시대 해외로 이주한 인도인들은 자신의 고향과 조국이 아닌 낯선 타향에서 어떻게 자신들만의 정체성을 지킬 수 있었을까?

특히 그 당시 인도인들은 갑과 을의 관계에서 철저히 갑인 영국인 고용주에게 예속되었던 을의 입장이었는데 정답은 인도인들은 해외식민지에서 그들만의 언어와 종교를 철저히 지킴으로서 그들만의 정체성을 훼손하지 않고 지킬 수 있었다.

2. 전 세계 모든 인교는 모두 동일한가?

정답은 NO 이다.

인도하면 많은 사람들이 힌두교와 힌디어를 떠올린다. 그러나 인도인들의 종교는 다양하다. 언어는 더욱 다채롭다. 따라서 전 세계에 퍼져있는 인교는 인도혈통이라는 공통분모는 갖고 있지만 다양한 종교와 언어로 인해 모두 동일하다고 정의하기는 어렵다

인도정부의 IT 산업정책

구분	주요내용
힌디어 영화	· 명칭: Bollywood(발리우드) · 뭄바이의 힌디어 영화권
텔루구어 영화	· 안드라 프라데쉬 주의 텔루구어권 영화권 · 인도 내 2위 규모
타밀어 영화	· 명칭: Kollywood(콜리우드) · 첸나이, 타밀나두의 코담바캄 지역 영화권
칸나다어 영화	· 명칭: Sandalwood(산달우드) · 방갈로르, 카르나타카 지역 영화권
벵갈어 영화	· 명칭: Tollywood(톨리우드) · 웨스트벵갈 지역 영화권
마리티어 영화	· 마하라쉬트라 주의 영화권 · 콜하푸르 및 푸네에서 태동
말라야람어 영화	· 명칭: Mollywood(몰리우드) · 1928년 태동한 코치, 깨랄라 지역 영화권
보즈푸리어 영화	· 북인도의 우타르 프라데쉬 동부 및 비하르 서부 지역 영화권 · 대도시 이주 인구를 기반으로 델리, 뭄바이 등에 광범위한 관객 보유
구자라트어 영화	· 1932년 태동한 구자라트 지역 영화권
오리아어 영화	· 명칭: Ollyhood(올리우드) · 오리사지역, 부바네스와르 및 쿠탁 지역 영화권
아삼어 영화	· 1935년 태동한 아삼지방 영화권
콩카니어 영화	· 고아, 마하라쉬트라, 카르나타카 지역의 콩카니어권 영화

자료: 정인채(2014), 최윤정 외(2014)

〈표〉에서 보듯이 세계적으로 유명한 발리우드로 불리는 인도영화도 인도내의 다양한 민족과 다양한 언어의 사용을 감안하여 다양한 언어로 지역 영화권이 구분되고 있다.

▶▶▷ Check Point | 인교와 화교의 네트워크의 공통점과 차이점

화교는 일반적으로 방언집단을 중심으로 대규모 네트워크를 구축하고 있다. 이에 비해 인교는 친척을 중심으로 소규모 네트워크를 구축하고 있다(가도쿠라 다카시, 2007). 인교와 화교는 많은 부분에서 공통점이 있다. 가장 큰 공통점은 방언집단이나 언어에 따른 폐쇄적 네트워크를 형성하고 있다는 점이다. 즉, 화교는 동일한 방언을 사용하는 폐쇄적 네트워크에 기반을 두고 있다. 인교도 기본적으로는 동일한 언어와 방언을 사용하는 집단의 결속체적 성격을 갖고 있다.

국가	조직
인도	NRI Parents Assn. (NRIPA), Bangalore, India
	NRI Welfare Society of India, New Delhi, India
	NRI Sabha Punjab, Jalandhar, Punjab, India
	Non-Resident Indias Welfare Assn.(NRIWA), lappuzha, Kerala, India
	BNRI - Returnded Non REsident Indians Association, Bangalore, India
미국	TIE - The IndUS Entrepreneurs, USA
	GOPIO - Global Organization of people of Indian Origin, USA
	AAPI - American Associaition of Physicians of Indian Origin, USA
	NETIP - The Network of Indian Professionals, USA
	Narika - A Helpline for abused South Asian women , USA
	Maitri, San Francisco, USA
	IAPAC - Indian-American Political Advocacy Council, USA
	SIPA - Silicon Valley Indian Professionals Association, USA
	SAWNET - South Asian Journalist' s Association, USA
	SAJA - South Asian Journalist' s Association, USA
	SRUTI - The Indian Music and Dance Society, USA
	ARADHANA - St, Thyagaraja Aradhama, Cleveland, USA
	SABHA, Cincinnati, Ohio, USA
	Indo-American Golf Association, USA
	PRINA - Professional Indian NETworking Association, New York, USA
	Atlanta Indian Community, Atlanta, USA
	Raagalaya foundation, Florida, USA
싱가포르	SINDA - Singapore Indian Development Association, Singapore
	Malaysian Indian congress, Malaysia
말레이시아	Global Organisation of People of Indian Origin, Malaysia

자료: NRI(http://www.nriol.com/community/orgs/)

그런데 화교와 인교의 차이점은 화교의 네트워크에서는 종교가 크게 작용하고 있지 않지만 인교의 네트워크에서는 종교가 크게 작용을 하고 있고 인도만의 독특한 신분제도인 카스트제도도 인교 네트워크에 지대한 영향을 미치고 있다.

▶▶▷ Check Point | 동남아 지역의 대표적인 인교네트워크

동남아 지역에는 다양한 인도인들의 커뮤니티가 형성되어 인교들의 구심적 역할을 하고 있는데 가장 대표적인 인교 네트워크는 동남아에서 가장 큰 인교 커뮤니티가 형성되어 있는 싱가포르와 말레이시아에 있다.

싱가포르의 대표적인 인교네트워크는 SINDA(Singapore Indian Development Association, Singapore)이고 말레이시아의 대표적인 인교네트워크는 Malaysian Indian Congress, Malaysia와 Global Organisation of People of Indian Origin, Malaysia 등이 있다(nriol,2007). 싱가포르에서는 이러한 강력한 인교네트워크를 중심으로 2004년에 세계인교대회가 개최되었다(이상엽,2004).

이러한 싱가포르와 말레이시아의 인교네트워크는 인교들이 싱가포르와 말레이시아에서 자신들의 정체성을 지키면서 사회적 지위를 유지 발전시키는 토대가 되고 있다.

▶▶▷ Check Point | 인교의 탁월한 적응력과 정체성 유지

인도인들이 해외에서 현지인들도 성취하기 어려운 경제적 성공을 이룬 배경에는 인도인들의 남다른 현지 적응력이다. 인도인들이 이처럼 어떠한 환경에서도 적응하면서 자신들만의 정체성을 유지할 수 있었던 것은 종교에 토대를 두고 있는 인도인들의 삶이 영향을 미치고 있기 때문이다.

제4장 인교는 조국 인도에 어떤 기여를 하고 있나

1. 인도경제와 인교

인교가 주목을 받고 있는 것은 인교들이 해외에서 수 많은 어려움을 극복하고 경

제적으로 성공한 부분이 크지만, 인교의 경제적 성공이 더욱 빛나는 것은 친디아, 브릭스로 대변되는 인도경제의 발전에 획기적인 공헌을 하고 있기 때문이다.

인교들의 조국 인도에 대한 송금과 투자는 인도의 경제발전에 큰 기여를 하였다. 세계은행의 조사에 의하면 2005년 인도에 투자한 외국인 직접투자의 반 이상이 해외에서 인도에 투자한 인교 자금이었다(박형기, 2007).

대인도 외국인직접투자와 NRI 직접투자(2000)

(단위: 백만달러)

외국인 투자	4,029
NRI 투자	67
연도	2006
외국인 투자	22,079
NRI 투자	614

자료: Reserve Bank of India, Secretariat for Industrial Assistance, posri(2015)

2. 인교는 해외현지 유통시장 장악

비즈니스관점에서 인교와 화교의 공통점중에 하나가 현지 유통시장을 장악하고 있다는 점이다. 인교는 자신들이 거주하고 있는 세계각지의 로컬유통시장을 장악하고 있어 인도기업들의 해외시장 진출에 큰 도움이 될 것으로 전망된다. 일반적으로 기업들이 해외시장 진출 시 가장 큰 애로사항중에 하나가 수입국의 유통시장에 효과적으로 접근하는 것인데, 인교들은 세계 각지의 유통경로를 장악하고 있어 향후 인도기업들의 해외시장진출에 디딤돌 역할을 할 것으로 전망된다.

3. 인교들의 국내 송금의 의미

인도경제가 지속적으로 발전할 수 있었던 요인중에 하나는 인교들의 조국 인도에 대한 송금이 한 몫을 했다는 점이다. 특히 중동 특수가 있었던 1980년대 초반에는 중동지역 해외 인도인의 송금이 인도 총수출의 1/4, 수입의 1/6에 이르렀다(posri, 2015)

인교의 모국송금 현황

(단위: 백만달러)

년도	2000	2006
근로자 송금	12,745	25,109

자료: 강일규외(2009)

제5장 인도정부의 인교에 대한 정책은 무엇인가

1. 독립 직후 인도정부 인교정책

인도가 영국으로부터 독립한 이후 1970년대 이전까지 인도정부가 대외적으로 보여준 전반적인 인교정책은 해외 각지에 거주하고 있는 인교들이 그들이 이주한 국가에 잘 정착하고 큰 무리없이 동화할 것을 장려하는 인교정책을 추진하였다(posri, 2015).

인도정부가 영국의 기나긴 식민지배를 벗어나 독립한 후에 해외 여러곳에 흩어져 있는 인교들에 보인 첫 반응은 기대와 달리 매우 소극적이었다. 즉, 힘든 식민지배 시기 조국을 떠난 해외에 거주하고 있는 인도인들에 대한 강력한 귀환정책을 추진하지 않았다. 가장 큰 이유는 독립한 인도의 상황이 매우 혼란스러웠고 그들을 수용할 여력이 녹록치 않았기 때문이다.

▶▶▷ Check Point | 소극적인 인도정부의 인교정책이 인교사회에 미친 영향

인도정부의 인교에 대한 소극적인 정책은 결과적으로 해외 인교사회가 거주국가에 더욱 동화되는 계기가 되었다.

▶▶▷ Check Point | 인도정부의 PIO와 NRI에 정책

독립 이후 인도정부의 인교정책중에 하나는 일반적으로 인교를 외국의 시민권자(PIO)와 영주권자(NRI)로 분류하여 NRI는 보호하고 PIO는 제한적인 보호만을 하였다(meaindia, 2015).

2. 최근 인도정부의 인교정책

인도정부는 1990년대 말부터 해외 인교들을 인도 경제발전과정에 적극적으로 참여 시키는 인교정책을 추진하고 있다(nriol, 2015). 인도정부는 인도에 투자한 외국인에게 취득을 금하고 있는 토지, 주택 등의 금지되어 있는 부동산 취득 등을 외국인과 달리 인교들에게는 허가하고 있다. 또한 투자 지분에 있어서도 인도에 투자하는 외국인이게는 50% 투자만을 허용하고 있는 호텔산업 등에 인교에 대해서는 100% 투자를 허용해주고 있다. 또한 국내에 거주하고 있는 내국인에게 금하고 있는 외환구좌 개설을 허용해주고 있다(meaindia, 2015).

투자와 비즈니스에서 매우 중요한 사안인 세금 측면에서도 인도정부는 인교들에게 증여세, 소득세, 부유세 등을 면제해주고 있다(posri, 2015). 이러한 인도정부의 인교에 대한 우호적인 정책으로 인해 인교들의 대인도 투자가 증가하고 있다.

인도정부의 IT 산업정책

회사의 종류	주요내용	세율
인도인 회사	· 인도외의 지역에서 획득한 이윤 · 인도내에서 획득한 이윤	33%
외국인 회사	· 인도내에서 획득한 이윤 · 인도 내에서 획득한 소득	41%

자료: 김윤희(2006)

인도의 개인소득세 과세

지위	인도 내에서 획득한 소득	외국에서 획득한 소득
인도 일반 거주자	과세	과세
인도 비일반 거주자	과세	비과세
인도 비거주자	과세	비과세

자료: 김윤희(2006)

한국과 인도의 해외동포 정책

국가	정책체계	담당부서	이중국적	정책방향	해외동포 활용정책	해외동포 지원정책
인도	혈통주의	외무부산하 + 인교국	인정	현지화 (선별적 귀환)	적극적	소극적
한국	국적주의	외교 통산부산하	불인정	현지화 장려 (귀환불허)	소극적	소극적

자료: 전형권(2004)

▶▶▷ Check Point | dual citizenship

인도정부는 2004년 1월부터 인교들에게 이중시민권(dual citizenship)을 허용하여 인교들이 인도를 방문할 때 번거롭게 비자를 발급받지 않아도 되고 본인 명의로 인도내에서 부동산 매매 등을 할 수 있게 되어 인교의 인도투자를 더욱 활성화시키고 있다

▶▶▷ Check Point | 인도정부가 인교에게 이중시민권을 부여한 동기

인도정부가 인교들에게 이중시민권을 부여하게 된 결정적인 배경은 중국정부의 화교정책을 벤치마킹한 것이다. 인도정부는 죽의장막으로 일컬어질 정도로 폐쇄적이었던 중국이 1978년 개혁개방을 통해 1980년대 이후 고도성장을 이루었는데 해외 화교들이 초기 대중국 외국인 투자를 주도했던 것을 주목하였다. 인도정부는 화교들이 중국에 대규모 투자를 한 것처럼 인교들이 인도에 대규모 투자를 하려면 이중시민권과 같은 파격적인 인교에 대한 배려가 필요하다고 생각했다. 이러한 인도정부의 인교에 대한 이중시민권 정책은 인교들의 조국 인도에 대한 투자의 증가를 가져오는데 큰 계기가 되었다.

3. 인도정부의 인교네트워크 활성화 전략

인도정부는 세계 각지에 거주하고 있는 인교들을 체계적으로 관리하고 인교네트워크를 활성화하기 위하여 인도 정부내에 인도 투자센터(India Investment Center)를 마련하였고 세계인상대회(Global Indian Entrepreneurs' Conference)와 세계 재외인도인의 날(Pravasi Bharatiya Divas: PBD)등을 2003년 뉴델리에서 주최하여 세계 각지에 광범위하게 거주하고 있는 인교들간의 네트워크를 강화하고 더불어 인교들과 인도와의 관계도 더욱 견고하게 하고 있다(전형권, 2004).

인도정부의 세계인도인의 날 개최 등은 그동안 인교들에게 제공하였던 비즈니스에서의 배려뿐만 아니라 세계각지에 거주하고 있는 인교들과 인도간에 비즈니스뿐만 아니라 문화적으로도 연계를 심화시키기 위해서이다(정영주, 2008).

▶▶▷ Check Point | 인도 지방정부의 인교정책

인교들의 대인도 투자유치는 인도 중앙정부뿐만 아니라 지방정부도 매우 적극적이다. 구자라트 지방정부는 구자라트 출신의 인교들을 강하게 결집하기 위해 2004년 1월 구자라트 출신 인교 축제를 개최하였다(이상엽,2004).

표에서 보듯이 인도 지방정부는 지방의 특색에 맞는 특화산업을 육성하고 있는데 IT분야가 많고 자동차부터 수공예품까지 다양한 분야를 육성하고 있다. 인도가 세계적으로 경쟁력을 갖고 있는 영화산업도 중앙정부뿐만 아니라 지방정부까지 앞다투어 차별화된 전략으로 지역산업으로 육성하고 있다.

인도의 지역별 육성산업

주	도시	주요 산업
마하라슈트라	뭄바이	금융, 의약품, 자동차, 화학
타밀나두	첸나이	자동차, IT, 석유화학
카르나타카	방갈로르	IT, 우주항공, 의류
안드라프데시	하이데라바드	IT, BT, 보석류
구자라트	아메다바드	의약품, 석유화학, 섬유
서벵골	콜카타	IT, 피혁, 섬유, 전기 · 전자
펀자브	루디아나	섬유, ITES, 기계공구
하리아나	구르가온	자동차 · 전기 · 전자 · IT(수도 델리와 인접)
우타르프라데시	노이다	전기 · 전자 · 자동차, IT
델리	뉴델리	중소 제조 및 무역
차티스가르	라이푸르	보석, 알루미늄, 철강, 시멘트
마니푸르	임팔	수공예 산업

자료: 대한무역투자진흥공사 뉴델리 무역관, 김윤희(2006)

인도의 지방정부 영화산업 육성전략

지방정부	인센티브
마하라슈트라	▸단일 영화관에 대해 5년간 세금 면제
구자라트	▸영화 제작 100% 세금 면제
안드라프라데시	▸저예산 영화 7%, 고예산 영화 15%
카르나타카	▸영화 보조금 제공
타밀나두	▸영화 제작 100% 세금 면제
우타르프라데쉬	▸25% 제작 보조금
서벵골	▸영화관 2년, 멀티플렉스 4년간 세금 보조
잠무·카슈미르	▸주 내 제작기간 동안 세금 면제 ▸관광을 육성하기 위한 영화제 개최
라자스탄	▸주내 75%이상 제작 영화 세금면제
고아	▸영화산업 관계자들이 모이는 국제 영화제 개최
펀자브	▸영화제 수상작, 배우 상금 수여 계획
히마찰프라데시	▸영화 제작사 100% 세금 면제

자료: KPMF(2014), 최윤정외(2014)

제6장 인교의 해외에서 성공스토리

1. 인교가 영미권에서 성공한 이유

인교가 영미권에서 성공한 이유는 무엇보다도 영국 식민지체제하에서 영어를 습득한 것이 가장 큰 이유이다. 영국 식민지배에 있던 다른 나라보다 인도인들이 영어를 잘 하는 이유는 인도 자체가 다언어 국가로 언어습득과 활용이 탁월하기 때문이다.

인도인들은 다언어국가의 환경에서 어릴적부터 잘 적응되어 다른 나라 사람들보다 외국어 학습 능력이 우수하다. 인도인들은 일반적으로 각자 태어난 지역 공용어를 사용하고 인도사회에서 상용어인 영어를 사용할 줄 알고 인도의 18개 공용어 중 사용인구가 많은 힌디어를 구사할 줄 안다(박형기, 2007). 또한 인도인들은 이러한 우수한 영어실력외에도 타고난 수리적 재능으로 이공계, 회계 분야 등에서 전문가로서 영미권에서 두각을 나타내고 있다.

2. 인도인의 교육열이 해외에서 성공을 부른다

인도 부모들의 자식의 교육에 대한 열의와 해외 토픽으로 자주 등장하는 인도의 치열한 대학입시 경쟁은 세계적으로 유명하다. 이러한 인도 부모들의 교육관은 과거부터 형성되어 있었고 인도뿐만 아니라 해외에 거주하은 인교사회에서도 비슷한 양상을 보이고 있다.

영국에 이주한 인도인 1세대들은 일반적으로 소규모의 채소가게 등을 운영하면서 힘들게 살았으나 인도인 2세대들은 부모들의 열렬한 교육열에 의해 체계적인 교육을 받고 영국사회에서 고소득의 엘리트 계층인 의학, 법조, 회계, IT 분야에서 성공한 경우가 많다.

영국에서의 인교들은 전문분야에서의 성공을 토대로 현재 영국의 백만장자 1,800명 중에서 인도인들이 200여 이상으로 집계되고 있다. 미국에서도 IT 분야 등에서 성공한 인교들의 1인당 연간 소득은 미국인 전체 평균보다 약 1.5배 정도 높은 수준이다(posri, 2015).

이처럼 인도인들이 해외의 전문분야에서 전문가로서 성공하게 된 가장 큰 이유는 인도 부모들의 교육열이 큰 작용을 하고 있다. 인도사회의 치열한 교육열이 언어와 수리에 능한 인도인들의 재능을 더욱 발휘하게 하여 세계 각지에서 IT산업뿐만 아니라 금융, 법률, 회계 등의 전문직종에서 인도인들을 우뚝서게 하는 원동력이 되고 있다.

저자가 2012년 싱가포르 명문대학인 난양공과대학(NTU)에 방문학자로 있을 때 한국에 거주하고 있는 인도인 아빠가 싱가포르 난양공과대학의 비즈니스 스쿨에 입학한 아들을 데리고 온 경우를 본 적이 있다. 그들과 대화중에 느낀 점은 인도인 부모의 자식의 교육에 대한 깊은 관심과 양질의 교육을 통해 자식이 세계무대에서 성공하기를 염원하는 애정을 느낄 수 있었다.

▶▶▷ Check Point I 인교의 자산 = 인도의 국가예산

세계가 인교에 주목하는 가장 큰 이유는 인교들이 외국에서 오래기간 자신의 정체성을 지키면서 경제적으로 성공했기 때뮤이다. 현재 전 세계 각지에 거주하고 있는 인교는 약 3000만 명 정도로 집계되고 있는데 인교들의 연간 소득은 조국인 인도의 국가예산에 버금가는 수준으로 파악되고 있다. 2002년 인도의 재외동포위원회의 조사에 의하면 인교들의 연간소득은 약 3,000억 달러로 약 11억 명의 인도의 국내 총생산(GDP)과 비슷한 규모이다(강일규외, 2009;posri, 2015).

▶▶▷ Check Point I 1990년대 이후 인교의 변화

해외에 거주하고 있는 인교사회는 1990년대 이후 많은 변화가 생기는데 1990년대 이전의 인교사회는 주로 섬유와 귀금속을 취급하는 무역업자와 금융업을 하는 인교가 많았는데 1990년대 후반이 되면서 인교중에 IT 전문인력이 증대되었다.

▶▶▷ Check Point I 해외 IT 인교는 인도 귀국 후 IT창업

인도인 IT 전문인력은 미국의 IT 대기업의 약 30% 정도를 점유하고 있고 미국 IT의 메카 실리콘밸리에는 약 20만명의 인도인 IT 전문인력이 있다. 이처럼 미국등의 선진국에서 경험을 쌓은 인도인 IT 전문인력은 인도에 귀국한 후 인도에서 IT관련 창업을 하여 자신들의 글로벌 네트워크를 활용하여 인도와 세계를 연결하고 있다(가도쿠라 다카시, 2007).

제8부
동남아 그리고 인도

제1장 동남아의 인도화

1. 인도의 문명이 고대 동남아 왕국에 미친 영향

동남아에 인도문화의 유입은 기원전 2세기부터 15세기까지 오랜 기간동안 동남아에 지속적으로 유입되었고, 고대 동남아 군소왕국들이 인도에서 동남아로 온 브라만들로부터 국가정책에 조언을 받음으로써 인도의 선진화된 제도뿐만 아니라 인도의 문화, 종교 등을 수용하였다(류경희, 2001)

인도는 세계 4대문명의 발생지로 다양한 문명이 발생된 곳으로 이러한 선진화된 인도 문명은 동남아 각지에 점진적으로 해상무역 등을 하는 과정에서 자연스럽게 전달되었다. 특히 5세기경에는 인도의 선진화된 국가 통치체계와 인도에서 발생한 힌두교를 신봉하는 왕국들이 동남아에 출현하였다(김영수, 2000)

▶▶▷ Check Point | Indianization

고대 동남아 왕국들의 왕을 포함한 통치자들과 상류층의 귀족과 신하들은 인도에서 유입된 힌두교의 신봉자들이 많았다. 종교를 포함한 인도의 문화들은 고대 동남아의 왕국이 형성되는데 토대가 되었다. 이러한 인도문명의 동남아 유입은 서양의 제국주의가 본격적으로 동남아를 지배하기 전까지 지속되었는데 이처럼 장구한 기간에 걸쳐 인도의 문명이 동남아에 전달되고 이러한 인도문명의 동남아의 토양에 이식과정을 동남아의 인도화(Indianization)라고 한다.

2. 동남아 인도화의 의미

동남아의 인도화란 수 많은 인도인들이 동남아로 이주했다는 의미인가?

정답은 NO이다. 동남아의 인도화란 고대에 대규모의 인도인들의 동남아로 이주한 단순히 인구 이동적인 것을 의미하는 것이 아니다. 고대 동남아로 이주한 인도인들은 소수정예였다. 해상무역과정에서 소수의 인도 무역업자들과 일부 종교인들에 의해 종교를 포함한 다양한 인도문화가 동남아에 전파되었다

3. 동남아 인도화의 특징

역사적으로 한 문명이 다른 문명권으로 전파되는 과정은 상당부분 군사적 개입과 충돌이 수반되는 경우가 많은데 동남아의 인도화 과정의 가장 큰 특징은 수 많은 인도 문명이 오랜기간에 걸쳐 동남아에 유입되었지만 어떠한 경우에도 군사적 강요나 강압에 의한 문명의 유입이 아닌 인도와 동남아 지역간의 해상무역 과정에서 자연스럽게 이루어 졌다.

▶▶▷ Check Point | 동남아의 인도화에 따른 동남아 지배층의 반응

동남아의 인도화가 해상무역의 과정에서 큰 충돌없이 동남아에 유입되었던 가장 큰 이유는 동남아의 고대 왕국의 왕을 포함한 지배계층이 인도문명을 받아들이는데 불편함을 느끼지 않았고 오히려 인도문명을 통해 통치철학과 왕국의 체계를 정립하는데 수용했기 때문이다.

4. 동남아의 인도화는 동남아의 정체성을 훼손하였는가?

인도문명의 동남아 유입은 종교, 제도와 같은 소프트웨어적인 사회문화뿐만 아니라 건축양식 등의 하드웨어적인 부분에도 지대한 영향을 미쳤다. 그러나 인도의 문명이 그대로 동남아에 이식되지는 않았다.

인도문명은 동남아의 토양과 기후, 인종의 색채에 맞게 문명의 현지화가 이루어 졌다. 인도문명이 동남의 인도화를 가져온 것은 역사적 사실이지만 동남아가 완전히 인도화되지 않았다. 오히려 인도의 문명이 동남아로 유입되어 동남아화되었다

▶▶▷ Check Point | 동남아의 인도화는 동남아를 다 휩쓸었나?

동남아 지역에 대한 인도문화와 힌두교문화는 13세기 이전까지 지대한 영향을 미쳤으나 15세기초에 동남아 지역에 이슬람교가 전해지면서 영향이 줄어들기 시작했다(류경희, 2001). 인도문명은 동남아 어딜 가나 흔적을 느낄 수 있지만 인도화의 정도는 차이가 크다 특히 북베트남 북부지역과 필리핀 북부지역, 동남아의 고산지대에는 인도화의 영향이 미미하다(오명석, 2007).

특히 지리적인 요인으로 중국의 지배하에 있던 베트남과 인도와 지리적으로 원거리에 있던 필리핀은 인도의 영향에서 다소 벗어날 수 있었다(Milton

Osborne,1996). 그러나 저자가 베트남의 남부 지역인 호치민을 방문하여 호치민 다운타운에 있는 힌두교 사원을 방문하여 힌두교 신자들과 대화를 통해 느낀 점은 베트남의 경우에도 남부지역에는 힌두교 등의 인도문명이 여전히 영향을 미치고 있음을 알 수 있었다.

제2장 고대 동남아의 인도 정착촌은 어떻게 생겨났나

1. 인도화의 영향을 받은 동남아 왕국

고대 동남아의 왕국들은 대부분 인도의 영향을 받았지만, 특히 캄보디아의 중남부에서 인도문화를 적극적으로 수용하면서 건국한 푸난왕국과 베트남 중부의 참파왕국은 대표적으로 인도 문명을 수용한 동남아 왕국이다. 이 두 왕국의 공통점은 인도문명의 영향을 받았다는 점과 이 두 왕국 모두 동남아와 중국을 연결하는 해상무역로의 중간에 입지하고 있었다(유인선, 1994). 이처럼 동남아의 인도화에는 중국과 인도의 해상무역이 지대한 영향을 미치고 있음을 알 수 있다.

2. 동남아의 인도인 정착촌이 미친 영향

초창기 인도와 동남아지역간의 인적교류는 해상무역을 주도한 인도상인들에 의해 이루어졌다. 그런데 동남아에 인도인 정착촌이 하나 둘 생기면서 인도인의 집단거주가 가능하게 되면서 인도인 종교인들의 동남아 방문과 이주가 증가하였다(J.C. Van Leur, 1955)

기원전부터 인도인들에게 동남아는 금과 주석이 풍부한 해상무역의 주요 대상지역이었다. 특히 인도인들은 중국과 해상무역을 하는 과정에서 동남아와 해상무역도 증가하였다.

이처럼 인도인들의 동남아와의 만남은 금, 주석, 중국이라는 매개체가 있었다. 그 당시 인도인들과 동남아지역의 교역방식은 계절풍에 전적으로 의존하였다.

범선 시대 해상무역은 계절풍의 영향을 받았기 때문에 인도인들은 계절풍이 다시 불때까지 동남아 등에 자연스럽게 정착하게 되었고, 점진적으로 집단화되면서 동남아 등지에 인도인 집단 거주촌이 등장하게 되었다.

제3장 인도인들은 왜 동남아로 이주했나

1. 인도인들의 대규모 동남아 이주 = 영국의 동남아 식민지 개발

고대에도 인도의 무역상 등의 해상무역과정에서의 동남아 이주와 이러한 인도 상인들이 동남아에 건립한 인도인 정착촌이 증가하면서 인도 종교인들의 동남아 이주가 있었지만 이 시기의 인도인의 동남아 이주는 소규모였다.

인도인들의 대규모 동남아 이주가 본격적으로 발생한 것은 19세기에서 20세기까지 영국이 동남아에 식민지를 개발하면서 발생하였다. 영국이 인도를 식민지화 하고, 이어서 동남아의 말레이 반도, 미얀마 등을 식민화 하면서 인도인들의 동남아로의 대규모 이주가 발생되었다.

영국은 인도와 인접한 미얀마와 말레이반도의 말레이시아, 싱가포르, 브루나이를 식민화했고, 이 지역의 식민지 개발에 필요한 대규모 인력을 동일한 식민지였던 인도인들로 확충하였다. 영국은 노예제를 폐지한 후 동남아 식민지 플랜테이션 개발 등에 투입할 근로자를 영국이 식민통치를 하고 있던 인도지역의 인도인들로 상당부분 확충하였다.

▶▶▷ Check Point | 화교의 집단화가 인교에 미친 영향

영국은 동남아 식민지 개발에 필요한 인력을 식민지배지였던 인도지역에서만 구하지 않고 중국으로부터도 수급받았는데 동남아에 중국인들의 숫자가 증가하고 집단화되면서 동남아에 근로자로 온 중국인들과 영국 식민당국간에 크고 작은 갈등이 자주 발생하였다. 동남아의 영국 식민당국과 중국인 집단간의 갈등은 영국식민당국으로 하여금 식민지배지였던 인도로부터 인도인들을 동남아의 근로자로 더욱 많이 이주시키는 결정을 내리게 하였다.

2. 동남아에 인도 남부지역 출신 인도인들이 많은 이유

영국의 식민지였던 말레이시아, 싱가포르, 브루나이를 방문하면 동남아 다른 지역에 비해 많은 인도인들을 만날 수 있는데 특히 인도 남부지역 출신의 인도인들을 더욱 많이 만날 수 있다.

동남아 지역에 인도 여러지역중에서 특히 남부지역의 인도인들의 이주가 많은 이유는 인도의 남부지역은 말레이시아, 싱가포르, 브루나이가 있는 말레이반도와 지리적으로 근접하고 인도의 남부지역의 경제난이 심하였던 시대적 상황도 반영되어 있다.

3. 식민지시대 동남아로 이주한 인도인들은 모두가 노동자들인가

영국의 식민지 시대 동남아로 이주한 인도인은 대규모 플랜테이션 농장과 부두 개발 등에 동원된 노동자들이 많지만, 그 당시 인도에서 영국으로 이주한 인도인들은 노동자뿐만 아니라 기술자, 상인과 경찰까지 다양한 계층의 인도인들이 식민지 개발과 운영에 필요한 동남아로 이주하였다.

▶▶▷ Check Point | 동남아 = 화교와 인교의 공존

동남아 지역은 화교와 인교가 많은 지역인데, 다른 어떤 지역보다도 화교와 인교가 서로 공존하고 있는 지역이다. 특히 말레이시아와 싱가포르는 동남아 국가중에서도 화교와 인교가 인구대비 많은 국가인데, 화교와 인교는 두 국가에서 소수 이주자가 아닌 국가를 구성하는 주요 인종이다.

제9부
동남아 인교 국가들

제1장 인도와 아세안의 통상관계

1. 인도와 아세안의 무역

인도와 아세안의 무역은 고대 해상무역부터 장구한 역사를 갖고 있다 최근들어서는 인도·아세안 FTA가 발효된 후 인도와 아세안의 무역규모가 급증하고 있는데 인도의 대아세안 무역에서 무역수지 적자가 확대되고 있다.

인도의 대아세안 무역

(단위: 억 달러)

수출액	수입액	무역수지
351.5	415.6	-64.1

자료: IMF DOT, 이웅외(2014)

인도의 주요 아세안 국가에 대한 수출(2000)

(단위: 백만 달러)

싱가포르	978	필리핀	151
태국	564	베트남	162
말레이시아	659	미얀마	61
인도네시아	477	브루나이	1

자료: IMF, 권율외(2016)

인도의 주요 아세안 국가로부터의 수입(2000)

(단위: 백만 달러)

싱가포르	3,158
태국	623
말레이시아	2,117
인도네시아	1,226
필리핀	70
ASEAN 5	7,190
베트남	52
미얀마	287

자료: IMF, 권율외(2016)

2.아세안의 대인도 투자

아세안 국가들의 대인도 직접투자는 경제여건이 양호한 싱가포르를 제외하고는 아직 활성화되어 있지 않다. 이처럼 아세안 국가들의 대인도 투자가 활성화되지 못한 이유는 아직 인도차이나반도의 국가들의 경제력이 태국을 제외하고는 아직 미약하기 때문이다. 그러나 향후에는 베트남 등의 경제가 본궤도에 오르면 아세안 국가들의 인도에 대한 투자도 증가될 것으로 전망된다.

아세안의 대인도 FDI

(단위: %)

국가	비중
싱가포르	11.7
말레이시아	0.3
인도네이사	0.3
태국	0.1
필리핀	0.0
아세안 전체	12.4

주: 비중은 인도 전체에서 아세안이 차지하는 비중임

자료: CEIC DB, 이웅외(2014)

아세안 국가들의 대인도 직접투자

(단위: 천만 루피)

말레이시아	159
싱가포르	3,232
태국	4
인도네시아	1
필리핀	7
베트남	0
미얀마	0

자료: Secretariat for Industrial Assistance, SIA, Ministry of Commerce and Industry. 권율외(2016)

제2장 싱가포르의 인교

1. 싱가포르 인교에 대한 단상

싱가포르에서 인도인들은 싱가포르 국민을 구성을 하는
3대 민족중에 하나이다.

싱가포르 거리를 걷다보면 수 많은 인도인들을 쉽게 만날 수 있고,
싱가포르 길거리의 주요 안내판에는
영어, 중국어, 말레이어와 더불어 인도어가
적혀 있다.

싱가포르의 푸드코트에 가면 인도음식을 쉽게 접할 수 있다.
대학 구내식당에서도 인도음식을 먹을 수 있다.

싱가포르에서 인도인, 인도문화는 싱가포르를 구성하고 있는
한 축이다.

2. 싱가포르의 리틀인디아 지하철역

싱가포르의 리틀인디아는 싱가포르의 도심 한 가운데 있다.
지하철(MRT) 이름도 리틀인디아(little India)이다.

싱가포르의 리틀인디아는
도심에 있으므로 버스나, 택시 등의 대중교통으로도
쉽게 리틀인디아에 갈 수 있다.

리틀인디아의 지하철에 내리면
지하철역 내부부터 싱가포르의 다른 지하철역과
다름이 느껴진다.

지하철역을 벗어나지 않아도 인도사진, 인도장식물들로
작은 인도를 느낄 수 있다.

3. 리틀인디아와 차이나타운의 차이점

싱가포르에는 리틀인디아뿐만 아니라 차이나타운도 있다.

두곳 모두
인도인과 중국인의 집단거주지역이고 상업지역이다.

그런데
싱가포르의 리틀인디아는
싱가포르의 차이나타운에 비해
덜 상업적인 공간이다

리틀인디아도 상업적인 공간이지만
인도인의 일상생활속의 상업공간이다.

싱가포르의 리틀인디아는
인도인들이 일상속에서 필요한
물품을 사고 파는
인도인의 일상의 삶이 쉼없이
반복되고 있다.

4. 리틀인디아 지하철역을 벗어나면

리틀인디아 지하철역을 벗어나면

동남아 인도인의 일상을 찬찬히 들여다 볼 수 있는
작은 인도를 만날 수 있다.

리틀인디아 지하철역에서 파라레버역까지 걷다보면
크고 작은 힌두교 사원들을 만날 수 있다.

같은 듯 다른
다양한 힌두교 사원을 보면서
걷다 보면
어느덧 동남아속 인도에
내가 있음을 실감한다.

5. 싱가포르 대통령

동남아에서 경제적으로 성공한 인도인들은 많다
정치적으로도 성공한 인도인들이 있는데,
대표적인 인물이 싱가포르의 나단 전 대통령이다

나단 전 대통령은 인도계 싱가포리언으로 싱가포르
국민들로부터 존경을 받는 지도자였다

싱가포르에서는 나단 전 대통령뿐만 아니라
고위 정부 관료중에 인도계 싱가포리언이 많다.

싱가포르 사회는 경쟁이 치열한 능력사회이다.
싱가포르의 고위 지도층에 인도계가 많다는 것은
인도인들이 싱가포르사회에서 경쟁에서 이기고
실력을 객관적으로 인정받고 있음을 의미한다.

6. 식민지배 시기 싱가포르에 온 첫 인도인들

싱가포르는 영국에 의해 본격적으로 식민지 개발이 되기 전에는 소수의 토착민들만이 거주하였던 거의 무인도에 가까운 섬이었으므로 인도인들이 본격적으로 싱가포르에 이주한 시기는 싱가포르가 영국의 식민통치를 받게 된 이후이다.

영국식민정부에 의해 싱가포르에 온 초기 인도인들은 군인과 죄수 노동자였다. 영국정부는 싱가포르의 초기개발을 전담하였던 영국의 동인도회사를 군사적으로 보호하기 위해 인도군인을 싱가포르에 보냈고 싱가포르 섬의 대부분이 정글상태였던 곳에 인프라를 구축하는데 필요한 인력으로 수 천 명의 인도의 죄수들을 데려왔다(양승윤, 2001).

7. 남부 인도인과 북부 인도인의 상이한 이주 이유

영국식민시기에 영국은 싱가포르를 국제자유무역항으로 개발하였는데 대규모 항만개발을 위해 많은 노동자가 필요하였다. 영국 식민정부는 인도 남부지역의 타밀인들과 노동계약을 체결하고 인도남부지역의 타밀인들을 항만개발의 노동자로 대규모 이주시켰다. 이처럼 인도 남부인들의 대규모 싱가포르 이주는 항만개발 때문에 이루어졌다.

남부 인도인의 싱가포르 이주가 경제적인 요인에 의해 이루어졌다면 북부인도인의 싱가포르이주는 정치적인 요인에 의해 이루어졌다. 1947년 인도가 영국으로 부터 독립된 후 인도는 힌두교와 이슬람교의 갈등으로 인해 인도와 파키스탄으로 국가가 분리되었다, 이 분리과정에서 이슬람국가가 된 파키스탄 지역에 거주하였던 힌두교도들이 정치적, 종교적 이유로 싱가포르로 이주하였다(김종윤, 2000). 이처럼 인도에서 싱가포르로 이주한 인도인들은 동시대를 살면서도 다양한 목적을 가지고 싱가포르로 이주하였다.

8. 남부 인도인 = 노동자, 북부 인도인 = 상업

싱가포르에 이주한 북부 인도인들은 국제중계 자유무역항으로 개발되고 있는 싱가포르의 장점을 살려 상업에 주로 종사하면서 부를 축적하였다. 특히 북부 인도인들은 싱가포르에서 향수, 직물, 보석을 판매하는 상업에 주로 종사하였다.

특히 싱가포르의 직물과 섬유관련 무역업자는 북부 인도인들이 많은데 이들은 한·중·일의 동북아국가들과 인도와 파키스탄의 서남아시아, 중동지역간의 중계무역에 전문화되어 있다(김종윤, 2000). 이에 비해 남부 인도인인 타밀인들은 영국식민 정부에 의해 본격적으로 개발이 시작된 부두와 도로 등 식민지 개발의 건설현장의 노동자가 많았다(김주희, 2004).

북부 인도인이나 남부 인도인이나 싱가포르에서 출발은 서로 달랐지만 성실히 노력한 인도인들중에는 싱가포르사회에서 성공한 사람들이 많다. 저자가 싱가포르에서 Visiting Scholar로 있을 때 경제적으로 성공한 인도계 싱가포리언들을 많이 만날 수 있었다.

특히 인도 북부 출신 인도계 싱가포리언들은 자신들의 조상이 싱가포르에 처음 와서 개척한 향수, 직물, 보석 판매의 상업을 승계하여 지속적으로 하고 있는 경우가 많다. 특히 인도인들의 집단거주 지역인 리틀인디아를 방문하면 인도 특유의 향기를 느낄 수 있고, 화려한 인도의 직물들과 길가에 길게 늘어선 금방을 볼 수 있는데 인도 북부 출신의 인도계 후손들이 대를 이어하고 있는 경우가 많다.

9. 전문직 인도인의 싱가포르 유입

싱가포르의 식민지 개발초기에 싱가포르에 유입된 인도인들은 대부분 싱가포르의 개발에 필요한 건설노동자와 상인 등이었다. 그러나 싱가포르가 국제 자유무역항을 토대로 국제도시로 자리잡으면서 싱가포르에 전문직종의 일자리가 늘어 인도에서 전문직종을 가진 고학력의 인도인들이 싱가포르로 이주하기 시작했다.

특히 싱가포르가 영국으로부터 독립한 이후 싱가포르 정부는 싱가포르의 국가경쟁력 향상을 위해 우수한 외국인 인재를 적극 유치하였는데 이러한 싱가포르의 국가정책으로 인해 단순노동을 할 수 있는 인도인의 싱가포르 이주는 대폭 감소하였다.

최근들어서는 고학력의 인도 IT 전문인력이 국제적으로 인정받으면서 싱가포르에도 인도 IT 전문인력의 유입이 증대되고 있다. 이러한 인도 IT 전문인력은 북부 인도출신이 많고 이처럼 전문직종을 갖고 최근에 싱가포르에 들어온 인도인들은 기존에 싱가포르에 들어온 인도인들과 구분하여 신인도인이라고 칭한다(김주희, 2004).

10. 싱가포르 인도인의 분포

싱가포르 인도인들은 인도의 여러지역에서 이주하였지만 인도 남부지역에서 이주한 인도인들이 싱가포르 인도인의 반정도를 차지하고 있다(김종윤, 2000).

싱가포르에서 거리를 걷다 보면 주요 안내문이 4개 언어로 씌여진 것을 자주 볼 수 있다. 싱가포르는 다민족 국가이므로 영어, 말레이어, 중국어, 인도어를 주요 안내문에 병행하는데 중국어는 북경 표준어인 만다린을 사용하고 인도어는 인도의 공용어인 힌디어를 사용하지 않고 타밀어를 사용한다.

싱가포르 정부가 중국어는 표준어인 만다린을 사용하는 이유는 싱가포르내의 화교들은 중국의 출신지역이 다양하여 특정지역의 방언을 사용하는 것보다는 표준어인 만다린을 사용하는 것이 더욱 커뮤니케이션을 원활하게 할 수 있다고 판단하였다. 특히 중국에서 만다린이 표준어로서 확실히 자리를 잡은 것도 싱가포르 정부가 만다린을 채택하게 된 계기가 되었다.

이에비해 인도어는 싱가포르내에 있는 인도인들의 반이상이 인도 남부출신이고 타밀어를 사용하므로 타밀어를 사용한다. 특히 인도내에서는 공용어인 힌디어가 중국의 만다린처럼 표준어로 정착되지 못하고 있다.

11. 싱가포르 인도인들의 사회적 지위

인도인들은 언어 학습능력이 탁월하다. 특히 영국의 인도 식민지배에 따라 영어구사가 자유롭다. 싱가포르는 영어를 공용어로 사용하고 있기 때문에 인도인들의 탁월한 영어 구사 능력은 싱가포르 사회에서 큰 힘을 발휘하고 있다. 또한 인도인들의 자식에 대한 높은 교육열은 싱가포르에서도 큰 성과를 보여 싱가포르 3대 대학에 진학하는 인도인들의 비중이 높다.

이처럼 싱가포르 사회에서 인도인들은 탁월한 영어와 학습능력으로 전문직종과 공무원에 많이 진출하고 있다. 특히 싱기포르의 인도인들은 동남아의 다른 국가에 거주하고 있는 인도인들에 비해 싱가포르 고위직에 진출한 사람이 많다(Milton Osborne, 2000). 싱가포르의 장관과 국회의원중에는 인도인들이 많다.

12. 싱가포르 인도사회는 평등한가

인도를 특징 지우는 신분제도인 카스트제도는 싱가포르 사회에서는 법적으로 적용될 수 없다. 그러나 싱가포르 인도사회에서는 전통적인 인도의 카스트 제도가 직간접적인 영향을 미치고 있다(유석천, 2000). 또한 싱가포르 인도사회에서는 상대적으로 전문직종과 상업에 종사는 비율이 높은 북부 인도인들이 남부 인도인을 무시하는 경향을 보이고 있다(김종윤, 2000).

13. 싱가포르 대학의 인도학생들

싱가포르의 3대 명문대학인
NUS, NTU, SMU에 인도학생들이
많다.

인도계 싱가포리언뿐만 아니라

인도에서 싱가포르의 대학에 유학온
인도인 학생들도 많다.

세계적 수준의 싱가포르 대학교에
인도학생들의 진학률이 높다는 것은
인도학생들의 학습능력이 탁월함을
말해주고 있다.

제3장 브루나이의 인교

1. 브루나이 인교 단상

브루나이는 인구가 약 40만 정도의 작은 나라이다.
브루나이는 동남아의 대표적인 이슬람 왕국으로
일상생활에 이슬람의 색채가 강하게 투영되어 있다.

브루나이는 석유개발로 국민소득이 동남아에서 싱가포르
다음으로 높은 고소득 국가이다. 브루나이는 산유국이고
국민소득이 높아 대부분의 국민들이 개인 자동차를 갖고 있어
대중교통이 잘 발달되어 있지 않다.

대신에 1달러만 내면 시내 어디든지 갈 수 있는 버스가 운영되고
있는데 버스를 타면 브루나이 내국인은 없고 외국인 노동자들이 많은데
대부분이 인도에서 온 노동자들이다.

또한 브루나이에는 인도인 IT전문인력들과 고학력의 인도인들이 이주하여
브루나이의 부족한 전문인력을 보완해주고 있다.

2. 식민지시대와 근대화과정에서 인도인 유입

영국의 식민지 시대 영국 식민정부는 브루나이에 인도 펀자브지방의 시크교도들의 경찰관을 브루나이에 이주시켜 브루나이 치안을 담당하게 하였고 브루나이의 세리아에서 유전이 개발된 이후에는 유전보호를 위해 네팔인 구르카 용병들일 브루나이로 이주하였다(이병도, 2001).

이처럼 식민지시대와 근대화 과정시기에 브루나이에 유입된 인도인들은 브루나이의 고무농장과 건설현장에서 일할 노동자뿐만 아니라 브루나이의 치안을 유지하기 위해 이주한 경찰관과 군인들도 많았다.

3. 브루나이와 인도인

브루나이는 단순인력부터 고급인력까지 부족하여 전반적으로 사회를 안정적으로 꾸려가는데 내국인만으로는 부족한 사회다. 이러한 브루나이에 다양한 계층의 인도인들이 이주하여 브루나이 사회에 기여하고 있다.

4. 인도인들이 브루나이에 이주한 이유 = 석유개발

인도인들이 브루나이에 본격적으로 이주한 배경은 1929년 브루나이에서 석유개발이 본격화되면서 부터이다. 조용한 이슬람 왕국에 원유가 발견되면서 석유개발에 따른 대규모 인력이 필요 하였으나 브루나이는 지금도 인구가 40만 정도에 불과한 국가로서 그 당시에는 더욱 노동자가 부족하였다. 인도인들은 이처럼 브루나이의 석유개발에 필요한 인력으로 투입되기 위해 브루나이에 이주하였다(mindiandiapora, 2007).

5. 브루나이에는 인도선생님이 많다

브루나이는 동남아의 대표적인 이슬람 왕국으로 국민들은 엄격한 이슬람 교육을 받고 일상생활에서도 이슬람을 계율을 준수하고 있다. 이러한 브루나이가 1950년대에 현대식 교육을 도입하였는데 현대식 교육을 전담할 선생님이 부족하였다.

이러한 브루나이의 교육수요에 의해 고학력의 인도인 선생님들이 브루나이로 이주하였다. 브루나이에서 인도선생님들은 존경의 대상이 되고 있다

(mindiandiapora, 2007).

6. 인도인의 유창한 영어와 서투른 말레이어

브루나이에 거주하고 있는 인도인들은 영어가 매우 유창하다. 그런데 브루나이 인도인들은 브루나이 국어인 말레이어가 서툴다. 이러한 인도인들의 서툰 말레이어는 인도인들이 브루나이에 동화되고 정착되는데 걸림돌로 작용하고 있다.

제4장 인도네시아의 인교

1. 동남아 힌두교의 메카 발리 단상

인도네시아 발리는 세계적인 해양 관광지로도 유명하지만
동남아 힌두교 메카이다.

발리는 섬 전체가 힌두교 의례로 늘 분주하다
신께 바칠 제례용품을 머리에 이고가는
여인들의 행렬을 섬 곳곳에서 볼 수 있다.

쪽빛 바다에 거세게 몰아치는 하얀포말이
성처럼 솟아오른 절벽을 쉼없이 내리치는
발리의 힌두교 사원에서는
파도 소리를 뒤로하고 힌두교 의례가 행해진다.

발리는 신들의 섬이다.

2. 인도네시아에 인도인들이 이주한 이유는 정치적 요인 + 경제적 요인

인도네시아에 거주하고 있는 인도인들은 씬드주 출신들이 많다. 씬드주는 힌두교와 이슬람교의 갈등이 심한 인도와 파키스탄의 국경지역이다. 씬드주는 이처럼 종교적 분쟁 지역으로 경제적으로도 매우 열악한 지역이다.

씬드주의 인도인들은 이러한 경제적 고단함과 종교적 차이로 인한 정치적 분쟁을 피하여 인도네시아로 이주하였다. 인도네시아의 인도인들은 섬유업에 종사하는 사람들이 많다(양승윤, 2001).

3. 발리에서 힌두교가 보존될 수 있었던 이유

힌두교가 인도네시아에 유입된 것은 4세기경이었고 15세기에 자바의 힌두왕국이 이슬람에 패망한 이후 인도네시아의 힌두교는 발리에서 유지발전되었다. 발리에서 힌두교가 유지발전될 수 있었던 이유중에 하나는 발리지역의 토양이 비옥하여 힌두교 문화를 보존할 수 있는 경제적 토대가 되었기 때문이다(류경희, 2001).

4. 인도 힌두교와 발리 힌두교의 차이점

인도네시아의 발리는 전 세계적으로 인도이외의 지역에서 가장 큰 힌두교 문화지역중에 하나이다. 발리의 힌두문화는 인도의 힌두문화와 본질적으로 동일하지만 인도의 힌두문화가 발리의 토양과 전통이 결합되어 차이점도 있다.

예를들어 락슈미신은 인도에서는 부와 행운을 상징하지만 발리 힌두교에서는 풍요뿐만 아니라 쌀을 상징하는 신으로 변형되었다. 예배의 경우에도 인도에서는 가정예배를 중요하게 간주하고 있으나 발리에서는 집단예배를 더욱 중요하게 생각한다. 또한 장례문화에서도 인도힌두 문화는 화장을 즉시하지만 발리 장례문화는 매장후 화장하는 문화를 갖고 있다. 그리고 결혼문화에 있어서도 인도힌두문화는 기본적으로 여성의 재혼이 금지되어 있지만, 발리 결혼 문화에서는 여성의 재혼이 가능하다(류경희, 2001)

이처럼 동일한 힌두문화가 인도와 발리에서 차이가 발생하는 점은 무엇보다도 인도의 힌두문화가 동남아의 토착문화에 융합되어 발생된 결과이다. 예를들어 인도문화는 일반적으로 가부장적인 남성우위 문화이지만 동남아 문화는 모계중심의 양성평등 문화권이다. 이러한 인도와 동남아의 문화적 융복합의 결과로 발리지역은 인도의 힌두문화를 받아들였지만 자신들의 결혼문화를 유지하여 여성의 재혼이 가능하다.

제5장 말레이시아의 인교

1. 동남아 힌두교의 성지 바툭 동굴

바툭 동굴로 가는 길은
하늘 계단으로 이어져 있다.

신을 만나로 가는 계단의 길이는
하늘 높이 솟아 있다.

한계단
한계단
발을 내딛는
힘겨움이

신을 향한 염원 앞에
솜털처럼
날아가 버린다.

컴컴한 동굴에 빛이
들어오면...

2. 말라카 리틀인디아

말라카의 리틀인디아는
화려함을 뒤로하고
차분하지만,
알차다.

말라카 리틀인디아는
오롯히 인도인을 위한

거리이다.

말라카 리틀인디아는
보여주는 거리가 아니고
인도인을 위한 거리이다

말라카 리틀인디아는
인도인의 삶속에
늘 그 자리에 있다.

3. 인도인은 말레이반도 건설의 주역

영국이 말레이반도를 식민지배할 때
인도인들은 전근대적인 말레이반도가
도시화되는데 건설노동자로
땀을 흘렸고,

작은 어촌이 국제부두로 변신하는데
부두 노동자로
땀을 흘렸고,

정글이 고무농장으로 변하는데
고무채취 노동자로
땀을 흘렸다.

4. 인도인들이 말레이반도에 이슬람을 전달?

말레이시아 거주하고 있는 인도인들의 약 80%는 힌두교신자들이다(양승윤 외,2001). 그런데 고대 말레이 반도에 이주한 인도인의 일부는 말레이 반도에 이슬람을 전달한 사람들중에 일부이다. 고대 인도의 해상무역업자들은 중국과 동남아를 무대로 활발한 해상무역을 하였는데 이들중에는 무슬림이 많았는데 이들은 그 당시 말레이 반도에 산재해 있던 여러 술탄 가문들과 혼인을 하여 이슬람을 확산키기는 역할을 하였다(Heidi Munan, 2005).

즉, 인도인들중에 일부는 현재 말레이시아가 이슬람 국가로 성장하는데 단초를 제공하였다. 지금도 말레이시아에 거주하고 있는 인도인들은 상당부분 힌두교 신자이지만 이슬람교를 믿는 무슬림 인도인도 많다. 말레이시아의 무슬림 인도인들은 히잡을 하고 무슬림 전통복장을 하고 다닌다.

5. 인도인은 말레이시아 사회의 한 축이다

말레이시아의 인도인들은 대부분 시바파의 힌두교도들이다. 말레이시아의 힌두교 사원은 주로 인도 남부의 타밀 상인과 금융업 계층인 체띠야르(chettyar)가 건립하여 그들의 전통이 많이 남아 있다(류경희, 2001).

말레이시아에서 거리를 걷다보면 인도 전통복장을 한 인도인과 현대식의 세련된 모습을 한 인도인들을 자주 만날 수 있다. 택시를 타면 터번을 착용하고, 흰 수염을 기른 인도인 택시기사를 만나는 경우가 많다. 이처럼 말레이시아 사회는 말레이시아의 2대 종족인 말레이인과 중국인뿐만 아니라 인도인도 한축을 형성하고 있다.

6. 페낭과 인도인의 첫 만남

영국이 동남아의 전략적 요충지와 말라카 해협의 해상무역의 중심지로서 지정학적으로 중요한 페낭섬을 지배하면서 인도인들의 말레이반도로의 대규모 이주가 시작되었다.

7. 계약노동자 인도인은 고무농장 노동자가 많았다

영국이 말레이 반도를 식민지배하면서 대규모로 이주시킨 인도인들은 말레이반도의 대규모 고무 플랜테이션인 고무농장에서 일하는 계약직 노동자였다(Heidi Munan, 2005). 말레이반도의 영국식민정부는 말레이반도에서 고무 플랜테이션을 대규모로 개발하였다.

특히 이 시기에 미국과 유럽국가들에서 자동차산업이 발전되어 말레이 반도에서 생산된 고무수출이 증가되었고 이로인해 고무 플랜테이션에서 일할 인도인들의 말레이시아 이주는 더욱 증가하였다(김경학외, 2005).

8. 카스트제도와 말레이시아 인도인의 노동태도

영국인들이 말레이반도의 영국식민지에 남부 인도인들을 많이 이주시킨 이유는 남부인도가 지리적으로 말레이반도와 근접하여 이주가 용이한 점도 있었지만 본질적으로 남부 인도인들의 성품이 선하고 충성심이 강했기 때문이다

특히 말레이반도의 고무농장에서의 플랜테이션의 작업은 매우 힘든 일로 영국이 말레이반도를 식민화 하기전에 말레이반도에 거주하고 있던 말레이 토착민들은 일반적으로 자급자족을 하던 소농들로 대규모의 힘든 고무 플랜테이션에서 지속적으로 일을 하기에는 무리가 있었다. 이러한 현지 인력사정은 성실한 남부인도인들을 더욱 유입시키는 요인으로 작용하였다.

특히 남부 인도인들이 자신의 고향을 떠나 이역만리에서 현지인도 힘들어 하는 고된 일을 할 수 있었던 이유중에 하나는 말레이반도의 고무 농장에 노동자로 온 남부 인도인들이 대부분 인도사회의 엄격한 신분제도인 카스트에서 가장 낮은 부류에 속하는 사람들이 많았기 때문에 힘든 현실을 인내 할 수 있었다. 이러한 카스트에서 최하층에 속한 남부 인도인들은 문맹들이 많아 자신들의 노동에 지대한 영향을 미치는 노동계약서 내용도 읽고 이해하지 못하는 사람들도 많았다.

9. 인도 남성의 이주가 많은 이유

말레이반도의 고무 농장에 이주한 인도인들은 남성의 비율이 약 4대 1로 여성보다 훨씬 높았다. 이처럼 남성비율이 여성보다 높은 이유는 말레이반도 고무농장의 노동강도가 매우 높아 남성이 여성보다 노동에 더 적합했기 때문이다. 그만큼 말레이반도의 고무농장의 일이 힘들고 고단했음을 말해주고 있다.

그리고 이 당시 말레이반도의 고무 농장에 온 남부 인도인들은 대부분 장기적인 이주를 목적으로 말레이 반도에 온 것이 아니고 단기적인 노동공급을 이해 말레이 반도 온 경우가 많아 남성의 비율이 훨씬 높았다(양승윤외, 2001).

10. 캉카니제도가 인도인의 정체성 강화의 계기

말레이 반도의 고무농장에 근로자로 이주한 인도인들은 힘들고 고된 매일매일의 일상 생활속에서도 인도인으로서의 정체성을 유지할 수 있었는데 이처럼 인도인들이 말레이반도에서 자신들의 정체성을 잃지 않고 간직할 수 있었던 배경에는

노동관리의 체계가 식민지의 영국인이 직접 인도인 노동자를 관리하지 않고, 인도인 노동자중에서 책임자가 자체적으로 인도인 노동자들을 관리하는 캉카니제도로 운영되었기 때문이다(김경학외, 2005).

11. 노동자에서 화이트컬러로 변신

영국 식민지 시기 남부 인도인들의 대부분은 노동자 신분으로 말레이 반도에 이주하였지만, 고무농장 등에서 힘든 일을 묵묵히 수행하면서 영국인 사업가들로부터 능력과 책임감을 인정받아 단순 노무직에서 관리직으로 발탁되는 경우도 많았다. 특히 말레이시아가 영국으로부터 독립된 이후에는 영국인들이 본국으로 귀국하면서 영국인 관리자들이 수행하였던 일을 수행하게 되었다(nriol,2007).

12. 부미푸트라 정책이 말레이시아 인교에게 미친 영향

동남아 대부분의 국가들의 경제에서 공통적인 부분은 화교들이 국내경제를 장악하고 있다는 점이다. 영국으로부터 독립한 말레이시아에서도 이러한 화교에 의한 경제집중화 현상은 가속화되어 토착민인 말레이인과 갈등이 발생하였다.

말레이시아 정부는 이러한 화교에 의한 경제집중화 현상을 시정하기 위해 말레이인을 사회 경제적으로 우대하는 부미푸트라 정책을 시행하였는데 이 정책으로 인해 말레이시아 사회에서 관리직 계층의 중산층 인도인들이 피해를 입게 되었다.

13. 현재 말레이시아의 전문가 집단에 인도인들이 많다

식민시기 말레이시아에 이주한 인도인들중에는 단순 노동자가 많았지만 말레이시아의 시장이 커지고 사회가 발전하면서 인도로부터 교사, 의사, 변호사 등 전문직종의 종사자들이 단기 이주가 아닌 말레이시아로 이민을 오는 경우가 증가하였다. 이러한 전문직종의 인도인들은 말레이시아에 정착하여 말레이시아의 학교, 병원 등에서 활동하면서 말레이시아의 지식인층의 한 축을 형성하고 있다(Heidi Munan, 2005).

제6장 태국의 인교

1. 태국사회와 인교 특징

동남아에서 근대화 이전에 태국사회의
가장 큰 특징은 강력한 왕권하에
안정적인 사회를 유지하고 있었다는 점이다

특히 태국은 동남아에서 유일하게
서구열강으로부터 식민지배를
받지 않아
식민지배를 받은 다른
동남아 다른 국가들처럼 식민세력에 의한 식민지
개발목적으로 인도인 등의 외국인의 대규모 이주가 발생하지 않았다.

이러한 태국사회의 특징은 태국의 인교사회의 규모 등에
나타나 있다.

2. 태국 인교는 말레이 반도에서 이주

인도인들의 태국 이주는 태국의 근대화과정에서 태국의 경제개발과 연관되어 있다. 인도인들의 태국이주는 동남아 다른 지역에 거주하고 있던 인도인들이 태국의 개발에 따라 일자리를 찾아 이주하였다.

태국이 영국의 기술자들을 태국으로 들여와 선진화된 공업기술로 태국을 근대화하는 과정에서 인도인들이 근로자로 태국에 들어 왔다. 또한 식민지 시대 일부 인도인들이 말레이반도의 페낭과 싱가포르에서 관광지로 유명한 태국의 푸켓으로 이주하였다. 특히 태국의 수도 방콕이 국제 상업도시로 성장하면서 동남아 국제무역항인 페낭과 싱가포르에 거주하고 있던 인도인들이 새로운 비즈니스를 찾아 태국으로 몰려 들었다. 태국의 인도인들은 시크교도와 인도의 펀자브지역의 힌두교도들이 많다(이병도, 2001).

3. 태국사회 인교의 특징

태국에 거주하고 있는 인도인들은 태국 전체 인구에서 약 1% 미만으로 식민 시기에 태국에 거주하였던 인도인들은 상당부분 태국사회에 동화되었고, 일부 인도인들만이 자신들의 정체성을 유지하면서 태국에 거주하고 있다(양승윤 외,2001).

태국은 동남아에서 유일하게 외부세력으로부터 식민지배의 경험이 없는 나라이고, 인도차이나 반도에서 경제적으로 가장 발달된 나라이다. 전통적으로 태국사회의 특징중에 하나가 포용과 융합이다.

동남아 모든 나라의 경제를 장악하고 있는 화교들중에서도 거주국에 가장 잘 동화가 되어 현지화에 성공한 나라가 태국이다. 태국에서 인도인들도 경제적 목적으로 남성이 혼자 태국으로 이주한 경우가 많아 태국여성과 결혼한 후 화교처럼 태국사회에 동화된 경우가 많다.

제7장 미얀마의 인교

1. 미얀마에서 다양한 인도인의 모습

미얀마 최대의 도시 양곤 시내를 걷다보면
수 많은 인도들의 미얀마에서의 일상을 볼 수 있다.

미얀마의 거리엔 인도라고 착각할 정도로 인도인들이 많다.

미얀마 거리엔
힌두교 신자인 인도인도 있고
무슬림인 인도인도 있다

미얀마 거리엔
인도인들의 힌두교 사원도 있고
인도인들의 모스크도 있다.

2. 미얀마화된 인도인

미얀마의 거리엔
다양한 복장을 한
인도인들을 만날 수 있다.

미얀마의 거리엔

인도의 전통복장을 한 인도인도 있고,

미얀마 전통복장을 하고 있는 인도인도 있다.

미얀마 거리엔
인도의 다양한 전통 복장을 한 인도인도 있고

미얀마 거리엔

청바지 차림의 인도인도 있지만

미얀마 거리엔
미얀마의 전통복장인
론지를 입고 있는 인도인을
많이 볼 수 있다.

미얀마의 거리엔
미얀마의 전통복장인
론지를 수시로 고쳐
입는 인도인들을 자주
볼 수 있다.

3. 영국의 미얀마 식민지화

근대화 이전에 미얀마는 전통적으로 동남아에서 태국과 더불어 강대국이었다.

강력한 왕권으로 통치되었던 미얀마가 우여곡절 끝에 영국의 식민지가 되면서 미얀마보다 먼저 영국의 식민지배를 받게된 인도지역에서 인도인들의 미얀마 이주가 증대되었다.

4. 농민과 상인의 순차적 이주

영국의 식민지배 시기 인도인들의 미얀마 이주는 영국의 미얀마 남부지방 개발과 깊은 연관이 있다. 영국은 미얀마의 남부지역을 먼저 차지하였는데 미얀마 남부지역은 대규모 곡창지대였음에도 불구하고 농지개간이 되지 않은 상태였다. 영국 식민정부는 이처럼 대규모 농지로서 경제적 매력이 있는 미얀마 남부 지역의 농지를 개발하기 위해 인도 농부들을 미얀마로 대규모 이주시켰다. 인도의 농부들이 미얀마 남부지역으로 농지개간을 위해 대규모로 이주한 이후 인도 상인들의 미얀마 이주가 본격화되었다.

5. 행정인력의 이주

영국인들은 미얀마를 직접통치하지 않고, 인도에서 이주한 인도인 경찰관, 군인 등을 활용하여 미얀마를 간접적으로 지배했다. 이러한 영국의 인도인 경찰관과 군인에 의한 미얀마의 지배로 인해 미얀마에는 농민뿐만 아니라 다양한 인도인들의 이주가 증가하였다(김경학외, 2005).

6. 미얀마 식민지 개발비용

영국 식민정부는 현재 미얀마의 최대 경제도시인 양곤의 개발에 소요되는 비용을 주로 인도에서 이주해 온 인도인 부동산업자들에게 건물을 건축할 수 있는 토지를 매각한 비용으로 마련하였다. 이러한 양곤의 식민지 개발방식으로 인해 식민지시대 양곤 인구의 약 반 이상이 이주민인 인도인이 점유하고 있었고, 양곤시의 땅과 건물뿐만 아니라 상업까지도 인도인이 장악하였다(양승윤외,2001).

7. 미얀마 독립 이후 인도인의 혼란

1948년 미얀마는 영국으로부터 독립하였는데, 미얀마의 독립은 미얀마 거주 인도인들에게 사회적으로 뿐만 아니라, 경제적으로도 많은 혼란을 가져다 주었다. 먼저 사회적으로는 독립 이후에는 영국이 미얀마를 식민지할 때 사용하였던 영어를 사용하지 않고, 공식적으로 미얀마어를 사용하게 되어 그동안 미얀마 사회에서 영어를 사용하였던 인도인들이 독립한 미얀마 사회에서 언어적 문제를 갖게 되었다.

또한 1962년에 미얀마에 군부정권이 들어선 이후 미얀마 군부정권은 식민지 시대 민영화 되어 있던 많은 부분중에서 상당부분을 국유화하였다. 독립 이후 이러한 경제적 변화로 인해 미얀마에 거주하고 있던 인도인들중에는 일부는 인도로 귀국하였다(김경학외, 2005)

8. 독립 이후 미얀마인과 인도인의 갈등

영국의 미얀마 식민지배 시기에 미얀마의 인도인들중에는 경찰관과 고리대금 업자들도 있었는데 미얀마인들은 이들에 대해 좋지 않은 감정을 갖고 있는 경우도 있었다. 그런데 독립 이후 미얀마인들은 미얀마 사회에서 일할 수 있는 전문 직종의 상당부분이 인도인들에 의해 선점되고 있는 상황에 좌절하였고, 이러한 경제적 요인은 인도인들과의 갈등을 가져왔다(Milton Osborne, 2000).

9. 미얀마 인도인들의 종교성향

동남아에 거주하고 있는 인도인들은 힌두교 신자들이 많은데, 미얀마의 인도인들은 힌두교신자도 많지만 무슬림들도 많다. 양곤시내에는 불교국가답게 불교 사원들이 많은데 인도인 무슬림들이 모여 있는 모스크도 많다. 특히 양곤 시내를 걷다 보면 길거리에서 담소를 나누는 인도계 무슬림들을 많이 만날 수 있다.

10. 현재 미얀마 인도인들의 정체성

현재 미얀마에 거주하고 있는 인도인들은 인도에서 직접 이주한 1세대보다는 미얀마에서 태어난 사람들이 더 많다. 이렇게 미얀마에서 태어나고 자란 인도인들은 인도에서 미얀마로 건너온 1세대 인도인들에 비해 모국인 인도와의 관계가 느슨하다(indiandiaspora, 2007).

11. 미얀마 인도인들의 다양한 혼혈

미얀마에 거주하고 있는 인도인들은 혼혈들이 많은데 영국·인도계는 미얀마어를 사용하지 않고, 영어를 사용하여 미얀마인들로부터 멸시를 받았고 미얀마사회에 적응을 잘못하여 미얀마를 떠난 경우가 많다. 이에비해 미얀마·인도계는 미얀마어를 사용하고, 미얀마식 이름을 사용하면서 미얀마 사회에 잘 적응하였다(Saw Myat Yin. 2005).

12. 인도인의 길거리 담소

미얀마 거리엔
길거리의 작은 의자에
옹기종기 모여 앉아 차를 마시는
사람들을 자주 볼 수 있다.

미얀마 거리엔
길거리 찻집에
모여 앉아 담소를 나누는
인도인들을 볼 수 있다.

때론 토론을
또 때론 함박웃음을
길거리 찻집에서
차 한잔에 담아내고 있다.

미얀마 길거리에
길게 늘어선
길거리 찻집엔

인도인들의 일상이
모자이크되어 있다.

에필로그

"동남아속 인도여행을 마치며"

동남아 인도인들의 모습에는
인도와 동남아가 모두 투영되어 있다.

동남아 인도문화에는
인도문화와 동남아문화가 경계를 허물고
동남아 인도문화로 모자이크되어 있다.

본서를 집필하는 동안

늘

머릿속엔

동남아 리틀인디아의
북적북적한 인도거리의 풍경과
진한 커리향기가 맴돌고 있었다.

늘

마음속엔
동남아 인도친구들의 친절한 웃음이
떠올려 졌다.

동남아 인도문화와 인교들은
동남아를 구성하고 있는
한 축이다.

하나의 아세안으로 통합이 가속화되는
동남아속에서 인도문화와 인도인이
늘 그랬던 것처럼,
늘 그 자리에서
정체성을 유지발전하면서
동남아 문화와 경제를 더욱 풍요롭게 해주는
동인이 되길 기원한다.

Young Moon(젊은 달)

참고문헌

김영수, 「동남아에 대한 인도의 영향」, 오름, 2000.

김주희, "싱가포르 거주 타밀계 체띠아르공동체", 「인도연구」, 한국인도학회, 2004.

김종윤, 「세계 시장을 알자 2」, 해돋이, 1994.

고홍근, 「인도 따라잡기」, 네모북스, 2006.

공영수외, 「또 다른 인도를 만나다」, 평단문화사, 2014.

김도영, 「인도인과 인도문화」, 산지니, 2005.

김도영, 「12억 인도를 만나다」, 북치는마을, 2013.

김경학외, 「귀환의 신화: 해외 인도인의 이주와 정착」, 경인문화사, 2005.

김찬완, "인디아 쇼크", 매일경제, 2005.9.26

권 율, 「아세안의 FTA 추진동향과 우리의 대응방향」, 대외경제정책연구원, 2004.8.

문철우외, 「인디아 쇼크」, 매일경제신문사, 2005.

박민준, 「인도의 주요산업」, KOTRA, 2006.

박번순, 「인도경제의 평가와 전망」, 삼성경제연구소, 2005.

박형기, 「친디아의 비밀명기 화교, 인교」, 교보문고, 2007.

베르너 숄츠, 황선상 역, 「힌두교」, 예경, 2007.

안느 드 에닝, 이세진 역, 「힌두교의 나라 인도」, 비룡소, 2007.

스가이 신이치, 이용빈 역, 「글로벌시대의 인도의 재벌」, 한울, 2013.

스가누마아키라, 문을식 역, 「힌두교 입문」, 여래, 1994.

소영일, 「경영자를 위한 인도경영전략」, 지구문화사, 2007.

양승윤외, [바다의 실크로드]. 청아출판사, 2000.

양승윤외, 「동남아 인도문화와 인도인 사회」, 한국외국어대학교 출판부, 2001.

오명석, 「세계의 풍속과 문화」, KNOU PRESS, 2007.

유석춘외, 「동남아의 사회제도」, 오름, 2000.

이병도, "태국의 인도인사회", 「동남아 인도문화와 인도인 사회」, 한국외국어대학교 출판부, 2001.

이순철외, 「인도의 산업구조와 내수시장 경쟁구도 변화」, 대외경제정책연구원, 2015.

이웅외, 「인도의 경제개혁이후 노동시장 변화와 시사점」, 대외경제정책연구원, 2013.

이옥순, 「인도 현대사」, 창비, 2007.
이요한, "브루나이 인도인사회", 「동남아 인도문화와 인도인 사회」, 한국외국어대학교 출판부, 2001.
이은구, "인도어와 동남아의 언어관계", 「동남아 인도문화와 인도인 사회」, 한국외국어대학교출판부, 2001.
이은구, 「힌두교의 이해」, 세창출판사, 1997.
장평순, 「서남아시아」, 중앙교육연구원, 1994.
전형권, "세계의 인교 네트워크 발전과 인도의 재외동포정책", 「대한정치학회보」, 12집 2호, 대한정치학회, 2004.
정영주, 「이주와 국가 : 인도인 디아스포라의 형성, 변화 그리고 네트웍」, 한국연구재단, 2008.
류경희, "힌두교와 동남아의 종교문화", 「동남아 인도문화와 인도인 사회」, 한국외국어대학교출판부, 2001.
최윤정외, 「인도 문화산업의 경쟁력분석과 한인도 협력방안」, 대외경제정책연구원, 2014.
한면희, "힌두교와 자연관 그리고 생태윤리", 「환경철학」, 9권, 한국환경철학회, 2010.
한국인도사회연구학회, 「인도 정치·경제·사회의 모든 것」, 한스컨텐츠, 2012.
Robert charles zehner, 남수영 역, 「힌두이즘」, 여래, 1996.
Rajesh Kumar, and Anand Kumar Sethi, 최동주역, 「인도비즈니스 문화의 이해」, 삼성북스, 2008.
Shimada Takshi, 신형호역, 「2시간만에 이해하는 인도」. 국일증권경제연구소, 2002.
Suda Arna Rohra, 「인도의 힘은 어디서 나오는가」, 시그마북스, 2010.
Kadokura Takashi, 이정환역, 「인도리포트」, 넥세스 BIZ, 2007.
KOTRA. 「인도 – 경제동향과 전망」, 2015.
Clark D. Nether, Southeast Asia in the New International Era, Westview, 1991.
Desai, Meghand, India and China : An Essay in comparative political economy, IMF-NCAER, 2003.
Emst & Young, Doing Business in India, Ernst & Young, 2005.
Heidi Munan, Malysia, Marshall Cavenish International Pte Ltd, 2005.
Milton Osborne, Southeast Asia, Allen & Unwin, 1995.
Mckisey, Winning the India Consumer, Mckinesy Quarterly Special Edition, 2005.
Robert Cooper, Thailand, Marshall Cavenish International Pte Ltd, 2005.
Saw Myat Yin, Myanma, Marshall Cavenish International Pte Ltd, 2005.
Terri Morrison, How to Business in Sixty Countries, Wayne, 1991.

찾아보기

강영문 (wtokym@daum.net)

· 동국대학교 무역학과 졸업(상학사)
· 한국외국어대학교 대학원 무역학과 졸업(경영학석사)
· 동국대학교 대학원 무역학과 졸업(경영학박사)
· (주) 대신경제연구소 증권분석실 근무
· (주) 대신경제연구소 경제동향분석실 근무
· Visiting Scholar, Singapore Management University
(한국학술진흥재단 해외방문교수)
· Visiting Scholar, Nanyang Technology University, Singapore
· 한아세안학술교류학자 선정(2011년)(외교통상부 지원)
· 과학창의 앰배서더(미래창조과학부 주최)
· 선거관리위원회 선거방송토론위원
· 무등일보 경제칼럼니스트
· MBC 라디오 경제코너 해설자
· 한국공정무역학회 편집위원
· 국제 e-비즈니스학회 학술위원
· 한국국제통상학회 이사
· 한국협상학회 상임이사
· 관세청 이의신청 심의위원
· 중소기업중앙회 무역자문위원
· 전남대학교 창업보육센터장
· 전남대학교 경상학부장
· 전남대학교 국제통상학과 교수

주요 수상실적
· 전남대학교 교육우수교수 선정(2008년, 2015년)
(Best Teaching Professor)

주요 저서
· 동남아 불교문화와 비즈니스(전남대학교출판부, 2016)
· 동남아 이슬람문화와 비즈니스(전남대학교출판부, 2015)
· 동남아 화교비즈니스(전남대학교출판부, 2014)
· 동남아 경제의 그늘과 무지개(전남대학교출판부, 2013)
· 국제협상과 문화간 커뮤니케이션(전남대학교출판부, 2013, 제2판)
· 아세안 FTA(전남대학교출판부, 2012)
· 글로벌 물류경영(우용출판사, 2011, 전정판)
· 해상무역보험(전남대학교출판부, 2011)
· 강영문교수의 동남아 지역연구(두남, 2010)
· 무역과 매너의 만남(우용출판사, 2010, 전정판)
· e유통경영(우용출판사, 2010, 전정판)
· 국제통상론(전남대학교출판부, 2009)
· 온오프라인 유통관리(두남, 2008, 개정판)
· 전자물류와 물류관리(두남, 2005)
· 유통물류와 e비즈니스(두남, 2004, 개정판)
· e무역과 국제매너(학문사, 2004)

동남아 인도문화와 비즈니스

인 쇄 | 2017년 3월 22일
발 행 | 2017년 3월 30일

저 자 | 강영문
발행인 | 정병석
발행처 | 전남대학교출판부

등 록 | 1981. 5. 21. 제53호
주 소 | 61186 광주광역시 북구 용봉로 77
전 화 | (062) 530-0571~2
마케팅 | (062) 530-0573
팩 스 | (062) 530-0579
이메일 | cnup0571@hanmail.net
홈페이지 | http://www.cnup.co.kr

값 25,000원

ISBN 978-89-6849-394-2 (93320)

이 도서의 국립중앙도서관 출판예정도서목록(CIP)은 서지정보유통지원시스템 홈페이지(http://seoji.nl.go.kr)와 국가자료공동목록시스템(http://www.nl.go.kr/kolisnet)에서 이용하실 수 있습니다. **(CIP제어번호: CIP2017007187)**